# AFRO-KARIBSKA KULINARIČNA POTOVANJA

Odkrijte umetnost fuzije v 100 slastnih jedeh

JURE BIZJAK

Avtorski material ©2023

Vse pravice pridržane

Nobenega dela te knjige ni dovoljeno uporabljati ali prenašati v kakršni koli obliki ali na kakršen koli način brez ustreznega pisnega soglasja založnika in lastnika avtorskih pravic, razen kratkih citatov, uporabljenih v recenziji. Ta knjiga se ne sme obravnavati kot nadomestilo za zdravniški, pravni ali drug strokovni nasvet.

# KAZALO

**KAZALO** .................................................................................. 3
**UVOD** ..................................................................................... 6
**PREJEDI IN PRIGRIZKI** ........................................................ 7
1. MARINIRANA KOKOSOVA KOZICA ................................. 8
2. DOMAČE JERK PIŠČANČJE PERUTI ............................. 10
3. KORUZA NA ŽARU Z MASLOM SHADON BENI ............. 12
4. KUBANSKI SENDVIČ S KARIBSKO SVINJINO ................ 14
5. KARIBSKI GOVEJI BURGERJI Z MANGOVO SALSO ....... 16
6. KUBANSKI SENDVIČ NA ŽARU ..................................... 18
7. TAMARIND BALL ............................................................ 20
8. CARIBBEAN SWISS GRILLER ......................................... 22
**JUHE, ENOLONČNICE IN ČILI** ........................................... 24
9. ACKEE IN SALTFISH ....................................................... 25
10. BAHAMSKA RIBJA JUHA ............................................... 27
11. JUHA Z GOVEDINO, ZELENJAVO IN RIŽEM .................. 29
12. JUHA IZ ČRNEGA FIŽOLA .............................................. 32
13. BUJONSKA JUHA ........................................................... 34
14. RJAVA ENOLONČNICA ................................................... 37
15. JUHA CALLALOO ............................................................ 39
16. CHAPEA ......................................................................... 41
17. JUHA IZ PIŠČANČJIH NOG ............................................ 43
18. PIŠČANČJA JUHA ........................................................... 45
19. PIŠČANČJA OMAKA ....................................................... 47
20. PIŠČANEC S ČRNIM FIŽOLOM ...................................... 49
21. KARIBSKA AVOKADOVA JUHA ...................................... 51
22. KARIBSKA PIŠČANČJA ENOLONČNICA ......................... 53
23. KARIBSKA PIŠČANČJA ZELENJAVNA JUHA .................. 55
24. JUHA IZ KOKOSOVEGA MLEKA .................................... 57
25. KOKOSOVA JUHA S KOZICAMI ..................................... 59
26. JUHA IZ ŠKOLJK ............................................................ 61
27. KORUZNA JUHA ............................................................ 63
28. JUHA IZ KRAVJE PETE V POČASNEM KUHALNIKU ...... 66
29. KUBANSKA JUHA CALDO GALLEGO ............................. 68
30. CURRY CHANA ENOLONČNICA IZ TRINIDADA ............ 70
31. CURRY JUHA IZ JAJČEVCEV .......................................... 72
32. RIBJA ČAJNA JUHA ........................................................ 74
33. KOZJA JUHA MANNISH WATER ................................... 76

| | | |
|---|---|---|
| 34. | GRAHOVA JUHA GUNGO | 78 |
| 35. | JAMAJŠKA GOVEJA JUHA | 80 |
| 36. | JAMAJŠKA OVČJA JUHA | 82 |
| 37. | JAMAJŠKA JUHA S KOZICAMI | 85 |
| 38. | POROVA JUHA | 87 |
| 39. | JUHA IZ LEČE | 89 |
| 40. | JASTOGOVA JUHA S PIKANTNIMI OCVRTI | 91 |
| 41. | SKUŠA RUNDOWN | 93 |
| 42. | MOJO DE AJO | 95 |
| 43. | ENOLONČNICA Z OLJEM | 97 |
| 44. | ENOLONČNICA IZ VOLOVSKEGA REPA | 99 |
| 45. | PAPAJA-POMARANČNA JUHA | 101 |
| 46. | POPRANA JUHA S KOZICAMI | 103 |
| 47. | ENOLONČNICA IZ POPRA IZ GVAJANE | 105 |
| 48. | GRAHOVA JUHA S CMOKI | 108 |
| 49. | PORTORIŠKA GOVEJA OBARA | 111 |
| 50. | BUČNA GOVEJA JUHA | 113 |
| 51. | BUČNA JUHA | 116 |
| 52. | ZAJČJA IN ZEMELJSKA ENOLONČNICA | 118 |
| 53. | FIŽOLOVA JUHA | 120 |
| 54. | JUHA IZ RDEČEGA GRAHA | 122 |
| 55. | JUHA IZ PEČENE PAPRIKE IN KUMAR | 124 |
| 56. | JUHA S KOZICAMI IN BUČO | 126 |
| 57. | ENOLONČNICA POSTRVI V POČASNEM KUHANJU | 128 |
| 58. | JUHA JOUMOU V STOCKPOTU | 130 |
| 59. | SOUSE | 133 |
| 60. | GRAHOVA JUHA | 135 |
| 61. | BUČNA JUHA | 137 |
| 62. | ENOLONČNICA IZ BUČ IN KROMPIRJA | 139 |
| 63. | DUŠENI CALALOO | 141 |
| 64. | ENOLONČNICA S KOKOSOVIM MLEKOM | 143 |
| 65. | DUŠENA SLANA RIBA | 145 |
| 66. | PARADIŽNIKOVA ČOKA RIŽEVA JUHA | 147 |
| 67. | PARADIŽNIKOVA JUHA IZ LEČE | 149 |
| 68. | JUHA IZ RUMENEGA JAMA | 151 |
| **GLAVNA JED** | | **153** |
| 69. | HOBOTNICA NA ŽARU | 154 |
| 70. | KRETEN PIŠČANEC | 156 |
| 71. | TEQUILA LIME MORSKI SADEŽI PINCHOS | 158 |

| | | |
|---|---|---|
| 72. | Pinchos s španskim česnom in kozicami | 160 |
| 73. | Zrezek z rumom in ananasovim okusom | 162 |
| 74. | Pomarančne piščančje prsi na žaru | 164 |
| 75. | Mečarica na žaru | 166 |
| 76. | Jerk svinjski trebuh | 168 |
| 77. | Fileji skuše na žaru | 170 |
| 78. | Karibski cel rdeči hlastač na žaru | 172 |
| 79. | Citrus Caribbean BBQ svinjska rebra | 174 |
| 80. | Šunka mangalica z ananasovo glazuro | 176 |
| 81. | Lionfish na žaru s pomarančno in mandljevo kašo | 178 |
| 82. | Jamaican Jerk Brisket | 180 |
| 83. | Lionfish na žaru z bananinimi listi | 182 |
| 84. | Kokosova rebra | 184 |
| 85. | Škampi na žaru na sladkornem trsu | 186 |
| 86. | Karibska svinjina na žaru s tropsko salso | 188 |
| 87. | BBQ escolar s sladkim krompirjem | 190 |
| 88. | Jamajška suljena BBQ rebra | 193 |
| 89. | Začinjena tuna na žaru, kubansko | 195 |

**PRILOGE IN SOLATE** ........................................... **197**

| | | |
|---|---|---|
| 90. | Mangova jed | 198 |
| 91. | Čilijeva solata na žaru | 200 |
| 92. | Trpotci na žaru | 203 |
| 93. | Mofongo Portoriko | 205 |

**SLADICA** ........................................... **207**

| | | |
|---|---|---|
| 94. | Ananas na žaru in rum | 208 |
| 95. | Mangova pena | 210 |
| 96. | Sladoled iz surovega kislega soka | 212 |
| 97. | Jamajška rumova torta | 214 |

**PIJAČE** ........................................... **217**

| | | |
|---|---|---|
| 98. | Ti Punch | 218 |
| 99. | Pijača Jamaican Sea Moss | 220 |
| 100. | Kislica | 222 |

**ZAKLJUČEK** ........................................... **224**

# UVOD

Stopite v svet, kjer se bistvo afro-karibske kulture razkrije na ustih, živahni odtenki tradicije in inovativnosti pa narišejo kulinarično mojstrovino. Afro-karibska kulinarična potovanja ni le kuharska knjiga; je odprto vabilo, da se podate na okusno odisejado, ki presega meje, in vas vabi, da okusite bogato tapiserijo afro-karibske kuhinje. Na teh straneh slavimo več kot le razkošje jedi; slavimo umetnost fuzije – brezhibno mešanje okusov, tehnik in pripovedi, ki obujajo sam duh te raznolike in dinamične kulinarične dediščine.

Predstavljajte si, kako listate te strani, od katerih je vsaka portal v živahne kuhinje Karibov. Zaprite oči in pustite, da vas aromatične začimbe, živahne barve in številni vplivi popeljejo na kraj, kjer kulinarična ustvarjalnost ne pozna meja. Afro-karibska kulinarična potovanja je več kot zbirka receptov; je praznovanje odpornosti, ustvarjalnosti in kulturnega bogastva, ki opredeljuje afro-karibske skupnosti.

Vsak recept v tej zbirki je poteza s čopičem, ki prispeva k živahnemu platnu kulinaričnega popotovanja. Ples med dediščino in inovativnostjo, tradicijo in sodobnostjo je zapleteno vtkan v tkivo vsake jedi. Med raziskovanjem boste odkrili zgodbe, ki jih pripovedujejo sestavine, zgodbe, ki jih šepetajo tehnike, in živahno zgodovino, ki jo sporočajo okusi.

Torej, upoštevajte to kot povabilo – poziv, da se nam pridružite pri raziskovanju afro-karibskih kulinaričnih čudes. Vsaka jed je umetniško delo, skrbno izdelano, da vas popelje v samo srce. Ko se podajate na to kulinarično odisejado, naj bo vsak grižljaj korak v raznolik in očarljiv svet, kjer je duh afro-karibske kulture čudovito zajet v slavljenje hrane. Naj se potovanje odvija in naj bo vsak recept okusno poglavje v vašem lastnem raziskovanju. Naj bo živahen in okusen svet na teh straneh vaš vodnik in naj se potovanje v afro-karibske kulinarične čudeže začne.

# PREDJEDI IN PRIGRIZKI

# 1. Marinirana kokosova kozica

**SESTAVINE:**
- 1 žlica kosmičev rdeče paprike
- 1 limona brez pečk in iztisnjenega soka
- 1 žlica cilantra
- 1 žlica mete
- 1/4 skodelice olivnega olja
- 1/4 skodelice sojine omake
- 1/3 skodelice naribanega kokosa

**NAVODILA:**
a) Olupljene in razrezane kozice marinirajte 2-3 ure.
b) Nabodalo in nato žar.

## 2.Domače jerk piščančje peruti

Naredi 16 kril

**SESTAVINE:**
- 4 čajne žličke univerzalne začimbe
- 2 čajni žlički mletega ingverja
- 6 žlic jabolčnega kisa
- 1 škotski čili, zelo drobno narezan
- 2 čajni žlički drobno naribanega muškatnega oreščka
- 2 žlici olivnega olja
- 16 piščančjih kril
- rezine limete, za serviranje

**NAVODILA:**
a) Zmešajte vse sestavine razen piščanca v plitvi posodi, nato dodajte peruti in jih obrnite, da se zelo dobro prekrijejo. Pokrijte in marinirajte v hladilniku, najbolje čez noč ali vsaj eno uro.
b) Žar prižgite približno 30 minut, preden želite jesti, tako da plameni ugasnejo, da ima premog plast sivega pepela in proizvaja enakomerno toploto.
c) Piščančje peruti pečemo na žaru približno 10–15 minut in jih obrnemo, ko se obarvajo rjavo. Z noževo konico preverite, ali so res pečeni – meso ne sme biti rožnato in sok bo stekel. Postrezite z rezinami limete, da jih ožemite.

### 3.Koruza na žaru z maslom Shadon Beni

Naredi: 8 obrokov

**SESTAVINE:**
- 8 klasja koruze
- 8 žlic soljenega masla, sobne temperature
- 3 žlice drobno sesekljanega svežega korianderja ali korianderja
- 2 kapesatoni, beli in zeleni deli, obrezani in zmleti
- 1 strok česna, sesekljan
- Sveže mleti črni poper

**NAVODILA:**
a) Koruzo olupimo in jo odstavimo, medtem ko pripravljamo shadon beni maslo.
b) Maslo, kulantro, mlado česen in česen dajte v kuhinjski robot in premešajte, dokler ne postane gladko. Maslo po okusu začinimo s poprom in prestavimo v skledo. Če sta zelišča in česen zelo drobno mleta, ju lahko v skledi vmešate kar v maslo.
c) Nastavite žar za neposredno pečenje in ga predgrejte na visoko.
d) Ko ste pripravljeni za peko, premažite in naoljite rešetko za žar. Koruzo razporedimo na vročo rešetko in jo obračamo s kleščami, dokler ni lepo porjavela, 8 do 12 minut. Ko se koruza kuha, jo občasno premažite z maslom shadon beni.
e) Odstranite koruzo z žara in jo še enkrat premažite s shadon beni maslom. Postrezite takoj.

## 4.Kubanski sendvič s karibsko svinjino

**SESTAVINE:**
- 1 paket marinadne mešanice Caribbean Jerk
- 1/2 skodelice pomarančnega soka
- 1 1/2 lb svinjskega fileja
- 6 mehkih kajzerjev
- 1/4 skodelice pripravljene rumene gorčice
- 8 oz narezana šunka
- 8 oz narezan švicarski sir
- Rezine kislih kumaric kopra

**NAVODILA:**

a) Zmešajte mešanico marinade in pomarančni sok v vrečki, ki jo je mogoče zapreti. Dodajte svinjino in jo obrnite na plašč. Marinirajte v hladilniku 30 minut.

b) Odstranite svinjino iz marinade; zavrzite marinado. Svinjino pecite na žaru na srednjem ognju približno 20 do 25 minut, občasno obračajte, dokler notranja temperatura ni vsaj 150 °F.

c) Odstranite na desko za rezanje in pustite počivati vsaj 10 minut. Narežemo na tanke rezine.

d) Če želite sestaviti kubanske sendviče, namažite z gorčico spodnjo polovico vsakega kajzerja. Na vrh položite šunko, narezano svinjino, rezine kislih kumaric, švicarski sir in zgornjo polovico žemlje.

e) Kuhajte v pekaču za paninije ali v ponvi proti prijemanju na srednje močnem ognju 3 do 4 minute, dokler se sir ne stopi.

## 5.Karibski goveji burgerji z mangovo salso

Naredi: 4 PORCIJE

**SESTAVINE:**
- 1-1/2 funta mlete govedine
- 2 žlici karibske začimbe jerk

**MANGO SALSA:**
- 1 velik mango, olupljen, grobo narezan
- 1 žlica sesekljanega svežega cilantra
- 1 žlica sesekljane zelene čebule
- 1 žlica drobno sesekljane paprike jalapeño brez semen
- 1 žlica svežega limetinega soka

**NAVODILA:**
a) V veliki skledi zmešajte mleto govedino in jerk začimbe ter rahlo, a temeljito premešajte. Oblikujte štiri 3/4-palčne debele polpete.
b) Polpete položite na rešetko nad srednjim, s pepelom pokritim ogljem.
c) Pokrito pecite na žaru 11 do 15 minut, dokler termometer s takojšnjim odčitavanjem, vstavljen vodoravno v sredino, ne zabeleži 160 °F, občasno obrnite. Po želji začinimo s soljo.
d) Kuharski nasvet: Časi kuhanja veljajo za sveže ali temeljito odmrznjeno mleto govedino. Mleto govedino je treba kuhati pri notranji temperaturi 160 °F.
e) Medtem v srednji skledi zmešajte sestavine za salso in jih rahlo premešajte. Postrezite burgerje s salso.

## 6.Kubanski sendvič na žaru

Naredi: 4 porcije

**SESTAVINE:**
- 4 sendvič zvitki
- 8 rezin svinjskega hrbta
- 8 rezin šunke
- koper
- 8 rezin švicarskega sira
- Dijonska gorčica po okusu

**NAVODILA:**
a) Pripravite ogenj na drva ali oglje in pustite, da zgori do žerjavice. Vsak sendvič položite s sirom, šunko, svinjino in kislimi kumaricami.
b) Pecite sendvič z zgornjo stranjo navzdol 1 minuto, obrnite in na vrh postavite ponev ter nadaljujte s kuhanjem, dokler se sir ne stopi približno 3 do 4 minute.

# 7. Tamarind Ball

**SESTAVINE:**
- 1-1/2 lbs. sladkorja, približno
- 1 lb očiščene pulpe tamarinde
- 3 žlice. moka (neobvezno)
- poper po okusu
- sol po okusu

**NAVODILA:**
a) V veliko skledo dajte približno 1 lb očiščene pulpe tamarinde. Dodamo sol in poper po okusu ter približno tri žlice sladkorja.
b) Sestavine zgnetite, medtem ko ločite semena. Tamarindo poškropite z malo vode (zelo malo), da jo nekoliko navlažite.
c) Glede na to, kako kisla je tamarinda, bo morda treba uporabiti več sladkorja. Naj bo okus vaše vodilo.
d) Dodajte sol, da prilagodite okus. Vzemite dovolj tamarinda in povaljajte med rokami, da naredite kroglico s premerom približno 2 palca.
e) V poseben krožnik ali skledo nasujte nekaj sladkorja in v njem povaljajte kroglico tamarinde.
f) Shranjujte v hladilniku ali na hladnem.

## 8.Karibi Švicarski žarar

## SESTAVINE:
**MANGO SALSA**
- 1/2 manga, narezanega na 1/4 palca
- 1/4 rdeče čebule, narezane na 1/4 palca
- 1/4 rdeče paprike, narezane na 1/4 palca
- 1 žlica svežega limetinega soka
- Ščepec sladkorja
- 1/2 čajne žličke košer soli
- Sveže mleti črni poper
- V skledi zmešamo mango, rdečo čebulo, papriko,
- limetin sok, sladkor, sol in poper z uporabo lesene ponve
- žlica. Odložite, dokler ni pripravljen za uporabo.

**SENDVIČ**
- 3 žlice masla, pri sobni temperaturi
- 1 žlica pomarančne začimbe Habanero
- 8 rezin svežega italijanskega kruha
- 1/4 skodelice medene gorčice
- 8 unč švicarskega sira, narezanega

## NAVODILA:
a) V majhni skledi zmešajte maslo in začimbe sladke pomaranče Habanero.
b) Masleno mešanico namažite na 1 stran vsake rezine kruha.
c) Na delovno površino položite 4 rezine kruha s stranjo, namazano z maslom navzdol, stran, obrnjeno navzgor, namažite z medeno gorčico. Na medeno gorčico položite približno 2 žlici mangove salse, ki ji sledi švicarski sir.
d) Preostale 4 rezine kruha položite na vrh z masleno stranjo navzgor.

**PEKA SENDVIČA NA ŽARU**
a) Dodajte preostalo mešanico masla v ponev proti prijemanju na srednjem ognju za 2 minuti.
b) Sendviče položite v ponev in pokrijte s pokrovom, da zagotovite enakomerno kuhanje.
c) Sendviče obrnite, ko je spodnja stran zlata, in močno pritisnite ter kuhajte 2 do 3 minute ali dokler se sir ne stopi.
d) Še enkrat obrnemo, pritisnemo z lopatko in kuhamo 30 sekund.
e) Odstranite iz ponve, prerežite diagonalno in okrasite s preostalo mangovo salso.

# JUHE, ENOLOČNICE IN ČILI

# 9. Ackee in Saltfish

Naredi: 4 porcije

**SESTAVINE:**
- 2 Ackee v pločevinkah
- 1 funt slane ribe
- 1 stebelna čebula narezana
- 2 vejici timijana
- 1 narezana čebula
- 1 paradižnik narezan na kocke
- 1 sladka paprika
- ¼ škotskega popra Odstranjena semena
- ½ čajne žličke črnega popra
- 2 žlici jedilnega olja

**NAVODILA:**
a) Solano ribo za dve uri namočimo v hladno vodo. Odtok
b) Slano ribo dajte v lonec in prelijte s sladko vodo.
c) Kuhajte 15 minut, nato pa vodo odcedite. Pustite, da se ohladi
d) Solano ribo razkoščičite in ji odstranite kožo.
e) Ribe raztrgajte z vilicami.
f) V ponvi na srednjem ognju segrejte olje.
g) Pražite 3 minute in dodajte čebulo, timijan, paradižnik, sladko papriko, škotski poper in mlado čebulo.
h) Po dodajanju kosmičev slane ribe nadaljujte s kuhanjem še 3 minute.
i) Dodamo ackee in dušimo še dodatnih 10 do 15 minut.
j) Dodajte črni poper, odstranite z ognja in krožnik.

# 10.Bahamska ribja juha

Naredi: 4 porcije

**SESTAVINE:**
- 4 skodelice vode
- 1 čajna žlička soli
- 2 krompirja; olupljene razpolovite in narežite na kocke
- 1 čajna žlička masla
- ½ skodelice narezanega korenja
- 4 rezine slanine
- 2 manjši sveži ali vloženi papriki Tabasco
- ¼ čajne žličke mletega črnega popra
- 1 čebula, narezana na tanke rezine
- 1½ funta fileja morske plošče ali brancina brez kosti
- ½ skodelice narezane zelene

**NAVODILA:**
a) V veliki kozici zavrite vodo, nato dodajte krompir, čebulo, slanino, sol, poper in mlet čili.
b) Dodajte zeleno ali korenje.
c) Krompir nežno skuhajte, dokler ni mehak, nato dodajte lososa.
d) Ogenj zmanjšamo in pustimo jed vreti, dokler ni riba komaj pečena.
e) Po želji dodajte nekaj masla, prilagodite začimbe in takoj postrezite.

## 11. Goveja, zelenjavna in riževa juha

Naredi: 10 obrokov

**SESTAVINE:**
- 1 paket kratkih reber
- 2 funta goveje enolončnice, narezanega na kocke
- ⅓ skodelice oljčnega olja za pečenje mesa
- 2 žlici adobo
- 1 žlica paradižnikove paste
- 2 žlici oljčnega olja
- 1 glavica česna ni potrebna lupljenja
- ¼ čajne žličke črnega popra
- ½ čajne žličke soli
- voda
- 2 kocki piščančje juhe
- ½ skodelice paprike, narezane na tanke rezine
- ½ cele rumene čebule, olupljene
- 1 šopek cilantra
- 1 bučka, narezana na kocke
- 2 storža koruze, narezana na 5 kosov
- ¼ skodelice dolgozrnatega riža
- 2 olupljena in na kocke narezana krompirja
- 1 velik korenček, olupljen in narezan na kocke
- 2 stebli zelene, narezani
- 1 skodelica juke, olupljena in narezana na koščke
- 1 limeta, stisnjena v sok

**NAVODILA:**
a) V drugo ponev z oljčnim oljem na srednje močnem ognju položite polno glavico česna, ne da bi je olupili, medtem ko se meso praži.
b) Pražimo približno 5 minut oziroma dokler ne postane svetlo zlato rjave barve. Dati na stran.
c) V velikem loncu segrejte oljčno olje na srednje močnem ognju.
d) Dodajte goveje meso in pražite 10 do 15 minut.
e) Meso začinimo s soljo in poprom.
f) Dodajte toliko vode, da popolnoma prekrije govedino.
g) Dodamo še glavico česna s papriko in čebulo.
h) Ponev pokrijte in kuhajte govedino na srednje močnem ognju, dokler ni mehka, približno 1 uro, če uporabljate kratka rebra.
i) Ko je govedina mehka, v ponev dodajte 3 do 4 skodelice vode in ponovno zavrite.
j) Dodajte adobo, paradižnikovo pasto, piščančjo juho, krompir, korenje, zeleno, juko, koruzo in riž.
k) Dušimo še 10 minut.
l) Dodajte koriander in limetin sok.
m) Dodajte bučke in jih kuhajte, dokler se ne zmehčajo.
n) Postrezite in uživajte!

## 12.Juha iz črnega fižola

Naredi: 8 obrokov

**SESTAVINE:**
- 4 stroki česna, mleto
- 8 unč črnega fižola, opranega in namočenega čez noč
- 7 skodelic piščančje juhe z nizko vsebnostjo natrija ali vode
- ½ skodelice piva
- ¾ skodelice temnega ruma
- 2 čebuli, narezani na kocke
- 2 žlici masla ali margarine
- 1 skodelica zelene, drobno sesekljane
- 1 zelena paprika, brez semen in narezana na kocke
- 1 rdeča paprika, brez semen in narezana na kocke
- 2 čili papriki, brez semen in mleti
- 2 korenčka, olupljena in narezana na kocke
- ½ skodelice zdrobljenega paradižnika v pločevinkah
- 1½ žlice mlete kumine
- 1 čajna žlička rdeče pekoče omake
- ½ žlice čilija v prahu
- ½ čajne žličke sveže mletega črnega popra
- ½ čajne žličke soli
- ¼ čajne žličke kajenskega popra
- 1 žlica svežega cilantra, mletega

**NAVODILA:**
a) Črni fižol odcedimo in ga v ponvi zmešamo z osnovo, pivom, rumom, česnom in polovico čebule.
b) Med občasnim mešanjem kuhajte 1 uro in pol na majhnem ognju.
c) Dodajte do 2 skodelici vrele vode in pustite vreti 15 minut.
d) V kuhinjskem robotu pretlačite mešanico fižola v pire.
e) V drugi ponvi stopite maslo. Dodajte preostalo čebulo, skupaj z zeleno, papriko in korenjem.
f) Zelenjavo dušite 5 do 7 minut ali dokler ni mehka, vendar ne kašasta.
g) V ponev dodajte dušeno zelenjavo, zdrobljen paradižnik, pasirano mešanico in začimbe.
h) Med občasnim mešanjem zavremo in kuhamo približno 15 minut.
i) Takoj postrezite s kančkom kisle smetane ali jogurta.

## 13.Bouillon Juha

Naredi: 6 obrokov

**SESTAVINE**
- 2 funta govejih krač, oplaknjenih in osušenih
- 4 nežno modri raki po želji
- 2 žlici svežega limetinega soka
- ½ čajne žličke mletega črnega popra
- 1 žlica soli
- 2 žlici sesekljanega peteršilja
- 2 drobno sesekljani glavici
- 1 vejica timijana
- 3 žlice drobno sesekljanega česna
- 2 ¼ skodelice večnamenske moke
- 1 skodelica vode
- 1 čajna žlička soli
- 1 čajna žlička mletega črnega popra
- ¼ čajne žličke sladke paprike
- 2 žlici olivnega olja
- 1 sesekljana bela čebula
- 1 narezana zelena paprika
- 2 narezana paradižnika
- 2 malanga ali Yautia. olupljen in narezan na kocke
- 1 zelen trpotec olupljen in narezan
- 4 skodelice dobro pakirane špinače
- 1 olupljena in na kocke narezana čajota
- 2 korenčka olupimo in narežemo na rezine
- 2 pastinaka olupimo in narežemo na rezine
- 2 olupljena in na kocke narezana krompirja
- 2 srednje velika bela sladka krompirja, olupljena in narezana na kocke
- 2 žlici govejega bujona v prahu
- Ščepec česna v prahu po okusu
- Ščepec soli po okusu
- Ščepec popra po okusu
- ½ feferona ali ¼ čajne žličke pekoče omake

**NAVODILA:**
a) Meso čez noč mariniramo v skledi z limetinim sokom, peteršiljem, soljo, črnim poprom, česnom, mlado čebulo in timijanom.
b) Odstranite in meso zavrite, postopoma prilivajte vodo.
c) V skledi zmešajte moko, vodo, sol, poper in sladko papriko.
d) Z žlico ali rokami oblikujemo polpete. Postavite na stran.
e) Če uporabljamo modre rake, jih očistimo, odstranimo lupino in jih po sredini razpolovimo.
f) Olje, čebulo in zeleno papriko skupaj z modrimi rakci dajte v velik lonec in segrevajte na srednjem ognju dve do tri minute.
g) Dodamo pastinak, korenček, paradižnik, špinačo in čajoto. Kuhajte 4 do 5 minut.
h) Dodajte 8 skodelic vode, pokrijte in zavrite.
i) Zelenjavo pustimo vreti 7 do 8 minut.
j) Dodajte ostale sestavine, vključno z mesom in cmoki.
k) Rahlo pokrijte in pustite vreti 25 do 30 minut oziroma dokler niso vse sestavine, vključno s cmoki, popolnoma kuhane.
l) Postrezite toplo.

## 14. Rjava enolončnica

Naredi: 2 obroka

**SESTAVINE**
**ZA RIBE**
- 1 čajna žlička rožnate soli
- 2 celi ribi, kot sta hlastač ali papiga
- 1½ žlice začimb za ribe
- 1 čajna žlička črnega popra

**ZA RJAVO ENOLOČNICO**
- 8 vejic timijana
- 8 jagod pimenta
- ½ rdeče paprike, narezane na rezine
- ½ pomarančne paprike
- 1 srednje velik korenčkov julienne
- 1½ žlice domače omake za porjavitev
- 1 čajna žlička začimb za ribe
- olivno olje za cvrtje
- 1 čebula, narezana
- 2 glavici, narezani na rezine
- 4 stroki česna, sesekljani
- 3 žlice paradižnikove paste
- 2 žlici masla brez mlečnih izdelkov
- 1½ skodelice tople vode

**NAVODILA:**
a) Ribe na obeh straneh natrite z začimbami za ribe, črnim poprom in soljo.
b) Olje dajte v večjo ponev ali ponev proti prijemanju in ga segrevajte, dokler ni vroče.
c) Ribo dajte v ponev, zmanjšajte temperaturo na srednjo temperaturo in popečete z obeh strani.
d) Preden ponev vrnete na ogenj, odcedite olje.
e) V ponev dodajte 2 žlički olja in 2 do 3 minute pražite s čebulo, česnom, papriko, korenčkom, kapesanto, pimentom, timijanom in scotch bonnetom.
f) Dodajte vodo, omako za porjavitev in 1 čajno žličko začimb za ribe.
g) Na koncu dodajte ribo in jo pokapajte z maslom, da se stopi v jed.
h) Ponev pokrijemo in dušimo 10 minut.
i) Ribe redno polivajte, da se omaka vpije v ribe.
j) Postrezite in uživajte.

## 15. Callaloo juha

Naredi: 4-6 obrokov

## SESTAVINE
- 6 skodelic Callaloo ali špinače
- 1½ skodelice sladkega krompirja, narezanega na kocke
- 1½ skodelice maslene buče, narezane na kocke
- 1 narezana čebula
- 4 stroke česna mleto
- ½ žlice posušenega timijana
- ¼ škotskega pokrova motorja ni preveč
- 1 čajna žlička himalajske roza soli
- 1 čebula ali 3 sesekljane
- ¼ čajne žličke črnega popra
- 4-5 okrajev narezanih
- 2 skodelici zelenjavne osnove
- 2 skodelici kokosovega mleka
- 2 žlici kokosovega olja

## NAVODILA:
a) Preden dodate kokosovo olje, segrejte težko ponev na zmernem ognju.
b) Česen, čebulo in čebulo pražite eno minuto ali dokler se čebula ne zmehča.
c) Dodajte na kocke narezan masleni oreh, sladki krompir in okra.
d) Pustite, da se zelenjava poti v ponvi dve do tri minute in nenehno mešajte, da se ne zažge.
e) Dodajte škotski pokrov, timijan, sol in poper, medtem ko premešajte zelenjavo.
f) Dodajte špinačo ali callaloo v ponev.
g) Dodajte kokosovo mleko in zelenjavno osnovo, nato zmanjšajte ogenj.
h) Ponev pokrijemo s pokrovko in pustimo, da mešanica vre, dokler se ne zgosti, do ene ure.
i) Ko dosežete zahtevano gostoto, lahko z mešalnikom pulzirate s potopnim paličnim mešalnikom, da dosežete konsistenco, ki je bolj podobna juhi.

## 16. Chapea

Naredi: 6 obrokov

**SESTAVINE**
- ¼ skodelice mlete čebule
- 5 strokov česna, mletega
- ½ zelene paprike, mlete
- 2 skodelici zelenjavne juhe z nizko vsebnostjo natrija, razdeljeni
- 3 skodelice vode
- 1 skodelica nekuhanega riža
- ¼ skodelice naribanega korenja
- 1½ skodelice sesekljane cvetače
- 2 skodelici kuhanega ali konzerviranega pinto fižola, odcejenega
- 1½ skodelice na kocke narezane maslene buče
- ¼ skodelice sesekljanega svežega cilantra
- 1 žlica limoninega soka
- Sol in črni poper, po okusu

**NAVODILA:**
a) V velikem loncu kuhamo papriko, čebulo in česen v 2 žlicah zelenjavne osnove, dokler ne porjavijo.
b) Zavremo s preostalo zelenjavno juho in vodo.
c) Dodajte riž, fižol, bučo, cvetačo in korenje.
d) Kuhajte 20 minut na majhnem ognju s pokrovom.
e) Zmešajte limonin sok in koriander.
f) Pokrito kuhajte še dodatnih 5 minut.
g) Po okusu dodajte sol in črni poper.

# 17.Juha iz piščančjih nog

Naredi: 5

## SESTAVINE
- 2 funta piščančjih nog
- 2 žlici kisa
- 2-galona vode
- 1 čajna žlička soli
- 1 čajna žlička črnega popra
- 5 strokov česna, sesekljan
- ½ funta buče, narezane na kocke
- 1 krompir
- ½ funta karibskega jama, olupljenega in narezanega na kocke
- 2 korenčka
- 2 repi
- 1 čo-čo čajota
- Recept za ½ kuhanega cmoka
- 1 vejica timijana
- 1 steblo kapesant, drobno narezano
- 1 zavitek bučne juhe z rezanci

## NAVODILA:
a) Piščančje noge operemo v hladni vodi in 2 žlicah kisa. Odtok.
b) Meso dajte v velik lonec s česnom, bučo, soljo, poprom in 1 litrom vode.
c) Pokrito kuhajte 45 minut.
d) Dodamo sesekljano zelenjavo in temeljito premešamo.
e) Dodajte ½ galone vode, pokrijte in kuhajte 30 minut.
f) Po 15 minutah dodamo cmoke v lonec in dobro premešamo.
g) Dodajte rezance, čebulice in timijan.
h) Dobro premešamo, nato pa kuhamo še 10 minut.
i) Odstranite pokrov, temeljito premešajte, ponovno namestite in kuhajte še 6 minut.

# 18.Kokošja juha

Naredi: 6 obrokov

## SESTAVINE
- 1½ -2 funta piščanca, narezanega na koščke
- 10 skodelic vode 2 ½ litra
- Za 1 funt buče lahko uporabite 1 sesekljano masleno bučo
- 2 irski ali sladki krompir, narezana na kocke
- 1 Chocho sesekljan
- 2 sesekljana korenčka
- 2 nasekljani kapesato
- 6 vejic timijana
- Škotski pokrov motorja
- 8 jagod pimenta

## ZA CMOKE IN SPINNERJE
- 2 skodelici brezglutenske moke 260 g
- ½ skodelice vode
- ½ čajne žličke rožnate soli

## NAVODILA:
a) Zavremo lonec vode.
b) Dodamo piščanca, polovico buče ali buče in piment.
c) Mešanico kuhajte 30 minut pod pokrovom ali dokler piščanec ni kuhan in buča ali buča nista mehki.
d) Z vilicami pretlačimo bučo ali bučo.
e) Za pripravo cmokov zmešajte moko in rožnato sol v srednji skledi in nato postopoma dodajte vodo.
f) Zmešajte vodo in moko, da oblikujete kroglo testa.
g) Vzemite majhen košček testa in ga razvaljajte v dlani.
h) Testo oblikujte v kolute, da ustvarite običajno oblikovane cmoke.
i) Vsak vrtalnik in cmok nežno položite v vrelo juho.
j) Dodajte preostalo bučo ali bučo, kapesanto, Chocho, krompir, korenje, timijan, mešanico domače petelinjeve juhe in škotski pokrovček.
k) Lonec pokrijemo in pustimo vreti 45 minut oziroma dokler se ne zgosti.

# 19.Piščančja omaka

Naredi: 4

## SESTAVINE:
- 2 funta piščančjih peruti in krač
- ½ skodelice sveže iztisnjenega limetinega soka
- 2 korenčka olupljena in narezana
- 2 sesekljani palčki zelene
- 3 škotski bonnet habanero, serrano ali jalapenos, sesekljani
- 4 lovorjeve liste
- 1 žlica črnega popra
- 1 žlica začinjene soli
- 1 žlica pimenta
- Sol po okusu
- 1 žlica olja
- 1 bela ali rumena čebula
- 2 krompirja olupljena in narezana na kocke
- 2 žlički svežega timijana

## NAVODILA:
a) Zmešajte limeto, začimbno sol, poper, piment in lovorjev list v vrečki z zadrgo.
b) Dodamo piščanca, vse temeljito premešamo in mariniramo 12 do 24 ur.
c) V veliki nizozemski pečici na srednjem ognju segrejte olje.
d) Dodajte kose piščanca in segrevajte, dokler ne porjavijo z vseh strani, marinado pa prihranite.
e) Dodajte čebulo, korenje in zeleno ter pražite 5 minut ali dokler se ne zmehča.
f) Vključite krompir in timijan.
g) V lonec dodamo popečenega piščanca in prihranjeno marinado.
h) Lonec napolnite s toliko vode, da pokrije piščanca.
i) Zavremo, nato zmanjšamo ogenj in pustimo vreti 45 minut oziroma dokler piščančje meso ne odpade od kosti.
j) Piščanca odstranimo, izkoščičimo in nato dodamo piščančje meso nazaj v ponev.
k) Solimo po okusu.
l) Lovorjeve liste in jagode pimenta odstranimo.
m) Postrezite s tortami Johnny, dodatnimi limetami in staro kislo.

## 20.C piščanec s črnim fižolom

Naredi: 6 obrokov

**SESTAVINE:**
- Sprej za kuhanje proti prijemanju
- ¼ čajne žličke Sol
- 2 stroka česna, nasekljana
- 1 skodelica Piščančja juha
- 8 unč Paradižnikova omaka
- ¼ čajne žličke Poper
- ½ čajne žličke Cimet
- ¼ čajne žličke Nageljnove žbice, zmlete
- 1 funt brez kože piščančje prsi
- 2 čajni žlički maslo
- 1 čebula
- ¼ skodelice Lahki rum
- 1 zelena paprika, brez semen in narezana na kocke
- ¼ čajne žličke Sol
- pomišljaj kajenski poper
- 16 unč Črni fižol, odcejen

**NAVODILA:**
a) Na ponev popršite pršilo za kuhanje proti prijemanju.
b) Piščanca začinite s soljo in poprom ter ga v ponvi na zmernem ognju dušite 8 do 10 minut oziroma dokler kosi ne začnejo rjaveti.
c) Pustite, da se ohladi, nato pa ga narežite na tanke trakove. Dati na stran.
d) V isti ponvi stopite margarino.
e) Dodajte čebulo in česen.
f) V ponev vlijemo 2 žlici juhe.
g) Čebulo med pogostim mešanjem kuhajte 5 do 6 minut ali dokler se ne zmehča.
h) V ponev dodajte paradižnikovo omako, preostalo juho in rum.
i) Dodajte začimbe, zeleni poper in piščanca, ki ste ga odstavili. Zavremo.
j) Ponev pokrijemo in dušimo 15 minut oziroma dokler ni piščanec kuhan in se tekočina zgosti.
k) Dodamo fižol in segrevamo še 2-3 minute.
l) Postrezite z rižem.

## 21.Karibska avokadova juha

Naredi: 6 obrokov

**SESTAVINE:**
- 3 zreli avokadi
- ½ skodelice jogurta
- 2½ skodelice organske piščančje juhe
- 1 čajna žlička karija v prahu
- 1 čajna žlička soli
- ¼ čajne žličke belega popra

**NAVODILA:**
a) Avokado po dolžini prepolovite, iz petih polovic izdolbite meso in eno polovico rezervirajte za okras.
b) Dodajte eno skodelico piščančje juhe v mešalnik skupaj z avokadom. Mešajte.
c) Mešalnik napolnite z jogurtom, preostalo 1 skodelico jušne osnove, soljo, belim poprom in curryjem. Ponovno premešajte.
d) Hladite 5 do 10 minut v hladilniku.
e) Postrezite takoj in vsako jed obložite z nekaj rezinami rezerviranega avokada.

## 22.Karibski piščančji paprikaš

Naredi: 1 porcijo

**SESTAVINE:**
- 3 žlice Nesoljeno maslo
- 3½ funtov Cvrtje piščancev, narezanih na servirne kose
- 2 žlici Svež ingver, mlet
- ¼ čajne žličke Mleti kardamom
- 3 repe, olupljene in narezane na kocke
- 1 svež poper habanero, jalapeno ali serrano, brez semen in mlet
- Sol po okusu
- 1 žlica Curry v prahu
- 1 čajna žlička Mleta kurkuma
- ¼ čajne žličke Mletega pimenta
- 2 Čebula, narezana na kolesca
- ¾ skodelice piščančja osnova

**NAVODILA:**
a. V velikem loncu za juho na srednje močnem ognju stopite polovico masla.
b. Piščanca kuhajte 8 do 10 minut, da obe strani porjavi.
c. Dodajte poper in ingver.
d. Po okusu solimo in vmešamo preostale začimbe.
e. Dodajte čebulo, repo in ½ skodelice jušne osnove.
f. Piščanca pokrijte in počasi kuhajte 40 minut oziroma dokler ni popolnoma pečen.
g. V omako dodamo preostalo maslo in na krožnike položimo piščanca z rižem.

## 23. Karibska piščančja zelenjavna juha

Naredi: 4 porcije

**SESTAVINE:**
- 1 skodelica Sesekljana čebula
- ½ skodelice Sesekljana zelena
- ½ skodelice Rdeča in zelena paprika, narezana na kocke
- ½ čajne žličke Posušen timijan
- 1 skodelica voda
- 2 lovorjeva lista
- 1 čajna žlička Čili v prahu
- ½ čajne žličke Curry v prahu
- ¼ čajne žličke Mletega pimenta
- 4½ skodelice Piščančja juha z nizko vsebnostjo natrija, razmaščena
- ⅛ čajne žličke Sveže mleti črni poper
- 1¼ funtov Polovice piščančjih prsi brez kože, s kostmi
- ¼ skodelice Beli riž, suha mera
- 14½ unč Črni fižol, kuhan, oplaknjen in odcejen

**NAVODILA:**
a) V velikem loncu zmešajte olje, zeleno, rdečo ali zeleno papriko in čebulo.
b) Zelenjavo med pogostim mešanjem kuhajte 5 minut na močnem ognju.
c) Med mešanjem v juho dodajte vodo, lovorjev list, čili v prahu, kari v prahu, timijan, piment in črni poper.
d) Po dodajanju piščanca zavrite.
e) Kuhajte 25 minut oziroma dokler ni piščanec popolnoma kuhan. Redno mešajte.
f) Ko je piščanec dovolj hladen, ga odstavite.
g) Piščanca narežite na grižljaje, potem ko ste odstranili kosti.
h) V lonec dodajte fižol in riž.
i) Kuhajte 15 minut ali dokler se riž ne zmehča.
j) Piščanca vrnemo v lonec, nato pa dušimo 5 minut.
k) Lovorjeve liste zavrzite.
l) Postrezite prelit z nemastnim jogurtom in sesekljano rdečo papriko.

## 24. juha iz kokosovega mleka

Naredi: 6 obrokov

**SESTAVINE:**
- 1 funt školjkastega mesa
- ¼ skodelice jedilnega olja, razdeljeno
- 2 zeleni čebuli, sesekljani
- Sol in poper po okusu
- 1½ čajne žličke pekoče omake
- 1 korenček, narezan na kocke
- 1 steblo zelene, narezano na kocke
- 14-unčna pločevinka kokosovega mleka
- 2 skodelici ribje osnove
- 1 rdeča paprika, narezana na kocke
- ½ svežih koruznih zrn
- 2 žlici večnamenske moke
- 1-četrt pol in pol
- 1½ žlice naribane sveže korenine ingverja
- 1 šopek svežega cilantra, sesekljan

**NAVODILA:**
a) Meso školjk kuhamo v loncu z vodo 15 minut. Odcedimo in drobno sesekljamo.
b) V ponvi segrejte 2 žlici olja, nato dodajte koruzo, korenje, zeleno, rdečo papriko in zeleno čebulo. Kuhajte in mešajte 5 minut.
c) Če želite pripraviti prežganje, v loncu stopite preostali 2 žlici olja in vmešajte moko.
d) Dodajte ribjo osnovo, kokosovo mleko in pol-pol.
e) Dodajte ingver ter sol in poper po okusu.
f) V lonec stresite zelenjavo in školjko.
g) Zavremo, nato pa pustimo vreti 15 minut na majhnem ognju.
h) Dodajte začinjeno omako in mešanico cilantra.
i) Kuhajte še 15 minut oziroma dokler ne dobite želene konsistence.

## 25. Kokosova juha s kozicami

Naredi: 4

**SESTAVINE:**
- 600 g surovih kozic, razrezanih
- 1 sesekljana čebula
- 2 srednje velika korenčka nasekljana
- 1 narezana rdeča paprika
- 2-3 skodelice narezane špinače ali ohrovta
- 2 nasekljani kapesato
- pest cele okre
- 4 stroke česna mleto
- 1 žlica mletega ingverja
- 1 pločevinka kokosovega mleka
- 1 liter zelenjavne osnove
- 1 čajna žlička začimb za morske sadeže
- 1 čajna žlička črnega popra
- 5 vejic svežega timijana
- 2 žlički peteršilja
- 1 škotski pokrov motorja
- ¼ čajne žličke kosmičev rdečega čilija za toploto
- iztis svežega limetinega soka
- ⅛ čajne žličke himalajske rožnate soli
- kokosovo olje
- 1 žlica tapioke zmešana z 2 žlicama tople vode

**NAVODILA:**
a) V srednje veliki skledi zmešajte kozice in začimbe za morske sadeže. Posodo odstavite.
b) V veliki ponvi na zmernem ognju stopite 2 žlici kokosovega olja.
c) Pražite čebulo, česen in česen, dokler ne postanejo prosojni in mehki.
d) Dodamo kozice, špinačo, papriko in korenje ter dušimo še pet minut.
e) Začinite s črnim poprom, peteršiljem, timijanom in kosmiči čilija, če jih uporabljate. Mešajte, da se premeša.
f) Dodajte kokosovo mleko in zelenjavno osnovo ter zavrite.
g) Dodajte škotski pokrov in znižajte ogenj na nizko stopnjo, medtem ko ponev pokrijete.
h) Dušimo 20 minut.
i) Po 15 minutah vmešajte tapiokino pasto.

# 26.Juha iz školjk

Naredi: 6 obrokov

**SESTAVINE:**
- 1 limona, iztisnjen sok
- 1 funt očiščenega školjkarja. zmehčano in mleto
- 2 žlici olivnega olja
- 1 sesekljana bela čebula
- 3 lovorjev listi
- 4 stroke česna nasekljane
- 6 vejic svežega timijana, oluščenega in drobno narezanega
- 28-unčna pločevinka narezanega paradižnika
- 16 unč piščančje juhe
- 2 stebli zelene sesekljane
- 3 sesekljane korenčke
- 1 narezana rdeča paprika
- 1 škotski pokrov narezan
- sol po okusu
- črni poper po okusu
- 1 čajna žlička mletega pimenta
- 1 šopek sesekljanega peteršilja
- ¼ skodelice sesekljane zelene čebule
- 8 unč soka školjk
- 1 žlica destiliranega belega kisa

**NAVODILA:**
a) V 6-litrskem loncu segrejte oljčno olje na srednje visoko.
b) Dodajte korenje, zeleno, čebulo, papriko in scotch bonnets.
c) Pražite do mehkega, nato dodajte lovorjev list, timijan, piment in česen.
d) Mešajte, da se združi, nato pa nadaljujte s kuhanjem, dokler ne postane dišeče.
e) Zmešajte paradižnik, piščančjo osnovo in sok školjk.
f) Dodamo meso školjk in kuhamo 35 minut nepokrito.
g) Dodamo peteršilj, zeleno čebulo, kis, limonin sok, sol in poper ter dušimo še 5 minut.
h) Postrezite toplo.

## 27.Koruzna juha

Naredi: 6 obrokov

**SESTAVINE:**
- 1½ funta slanih kitk, narezanih na kose in kuhanih
- 1 ¼ skodelice rumenega graha, opranega
- 5 ¼ skodelic vode
- 4 stroki česna, zdrobljen
- 2 žlici kokosovega olja
- 6 vejic svežega timijana
- 1 čebula, narezana na kocke
- 2 stebli zelene, narezane na kocke
- ¼ skodelice sesekljanega svežega peteršilja
- 3 kapestose, sesekljane
- 3 paprike Pimiento, narezane na kocke
- 2 rdeča ptičja oko čili poper
- 3 žlice sesekljanih listov cilantra
- ¼ čajne žličke sveže mletega črnega popra
- 2 skodelici narezane buče
- 2 skodelici na kocke narezanega sladkega krompirja
- 2 skodelici piščančje juhe
- 1½ skodelice kokosovega mleka
- 2 korenja, narezana na kocke
- 4 Na koščke narezana koruza
- 1 pločevinka kremne koruze
- 1 skodelica zamrznjene koruze
- 1 skodelica večnamenske moke
- 1 ščepec soli

**NAVODILA:**
a) Kuhane kitke zmešajte z rumenim grahom in česnom ter zavrite.
b) Kuhajte 35-40 minut oziroma dokler se grah ne zmehča.
c) Na srednje močnem ognju segrejte kokosovo olje, nato dodajte čebulo, mlado čebulo, svež timijan, papriko Pimiento, liste cilantra, svež peteršilj, rdečo ptičjo oko, čili papriko, zeleno in sveže mlet črni poper. Kuhajte približno 4-5 minut.
d) Dodajte sladki krompir, buče in korenje ter dobro premešajte. Nato dodajte piščančjo osnovo in pustite vreti približno 25 minut.
e) V lonec za juho dodajte grah in dobro premešajte.
f) Dodajte kokosovo mleko, zamrznjeno koruzo in kremno koruzo.
g) Dušimo še 20 minut.
h) V skledo dajte vodo, večnamensko moko in sol ter pregnetite, da dobite mehko testo. Testo pustimo počivati približno 5 minut.
i) Razdelite na 3 manjše kroglice in vsak del razvaljajte v debelo slamico, valj.
j) Narežemo na grižljaje in dodamo vreli juhi.
k) Dodajte narezano koruzo in kuhajte približno 5 minut.

## 28.Juha iz kravje pete v počasnem kuhalniku

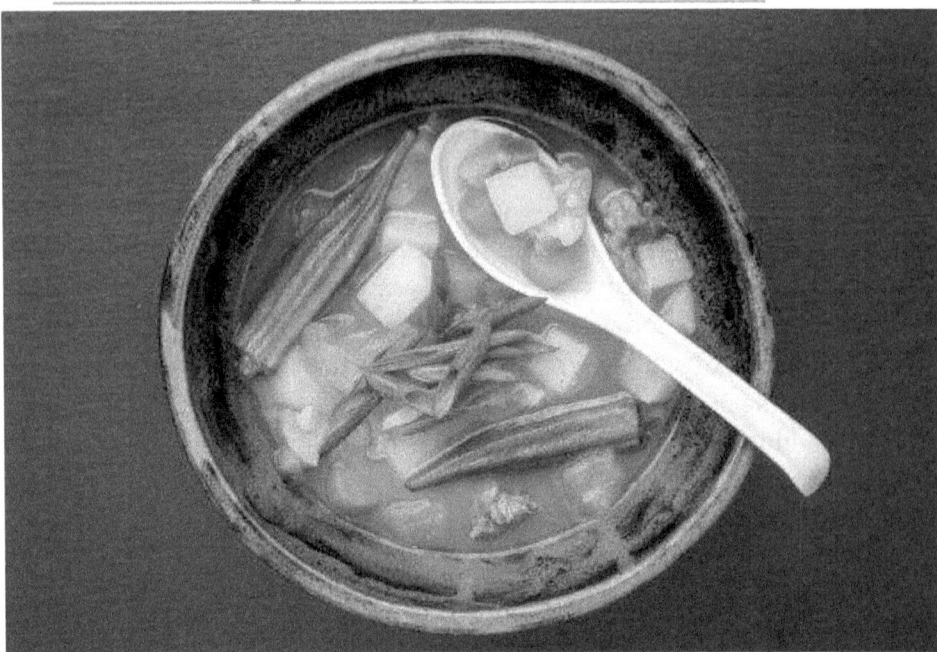

Naredi: 4 do 5 obrokov

**SESTAVINE:**
- 2 žlički rastlinskega olja
- 1 skodelica narezane čebule
- 6 vejic timijana, razdeljenih
- 2 funta goveje pete, grobo sesekljane
- Sol, po okusu
- Sveže mleti črni poper, po okusu
- 5 skodelic vode
- 1 kocka piščančje juhe
- ½ skodelice rumenega zdrobljenega graha
- 8 okra, križno razpolovljenih
- 2 korenčka, olupljena in narezana na kolobarje
- 12 mokinih cmokov

**NAVODILA:**
a) V ponvi segrejemo olje in prepražimo čebulo.
b) Dodajte pete in jih pustite, da porjavijo nekaj minut.
c) Mešanico prenesite v počasen kuhalnik.
d) Začinimo s soljo in poprom, dodamo vodo in juho ter polovico timijana in kuhamo na visoki temperaturi tri ure, tako da je vedno dovolj vode.
e) Dodajte preostale sestavine, razen cmokov, in kuhajte na nizki temperaturi dodatne 2 do 3 ure oziroma dokler meso ni mehko in ne odstopi od kosti.
f) Dodamo cmoke in jih pustimo vreti približno 10 minut.

## 29. juha Caldo gallego

Naredi: 1 lonček

**SESTAVINE**
- 2 litra vode
- 1 majhna pršutova kost
- 1 skočni sklep šunke
- ½ skodelice severnega fižola, namočenega čez noč
- ½ funta govejih kratkih reber
- 1 čajna žlička soli
- 2 krompirja narezana na kocke
- 1 šopek oprane in narezane zelene zelenjave
- ½ skodelice sesekljane čebule
- 3 žlice slanine
- 1 Krvavica/Morcilla, narezana
- ⅓ skodelice sesekljane zelene paprike
- 1 lovorjev list

**NAVODILA:**
a) V velikem loncu zavremo vodo.
b) Dodamo sol, lovorov list, zarebrnice in pršutovo kost.
c) Odstranite vso peno, ki se razvije, zmanjšajte ogenj, da zavre, pokrijte in nadaljujte s kuhanjem 30 minut.
d) Dodamo fižol in ga kuhamo toliko časa, da se zmehča.
e) Dodajte preostale sestavine in nadaljujte s kuhanjem, nepokrito, dodatnih 10 minut.

## 30.Curry Chana enolončnica iz Trinidada

Naredi: 6 skodelic

**SESTAVINE:**
- 4 skodelice čičerike, namočene čez noč
- 1 serrano čili poper, brez semen in mleto
- 3 čajne žličke karija v prahu
- 1 žlica olivnega olja
- 1 rumena čebula
- ¼ čajne žličke methi/fenugreek
- 1¼ skodelice vode, razdeljeno
- 3 stroki česna, sesekljani
- ½ čajne žličke kurkume
- ½ čajne žličke kumine
- ½ čajne žličke soli
- 2 žlici cilantra, sesekljanega

**NAVODILA:**
a) Čičeriko kuhajte v vodi 1 uro in pol oziroma toliko časa, da se zmehča.
b) Fižol odcedimo, tekočino od kuhanja pa prihranimo.
c) V loncu na srednje močnem ognju segrejte olivno olje.
d) Dodajte rezine čebule in kuhajte 5 minut ali dokler ni prozorna.
e) Dodajte serrano čili in česen ter kuhajte še 2 do 3 minute ali dokler ne zadiši.
f) Približno 30 sekund mešajte kari v prahu, kumino, kurkumo in methi.
g) Med mešanjem nalijte ¼ skodelice vode, tekočine za kuhanje čičerike ali juhe.
h) Dodamo kuhano čičeriko in dušimo 5 minut na majhnem ognju.
i) Z lonca odstranimo pokrov, posolimo in dušimo še 20 minut.
j) Na vrh dajte cilantro in postrezite z rjavim rižem.

# 31.Curry juha iz jajčevca

Naredi: 4 porcije

**SESTAVINE:**
- 1 čebula, olupljena in narezana
- 1 žlica Sesekljan česen
- 1 kos prekajene šunke
- 2 litra piščančja osnova
- ½ skodelice Polnomastna smetana
- ½ pločevinke kokosovo kremo
- 4 Jajčevce olupite in narežite na kocke
- ¼ skodelice Curry v prahu
- 1 pločevinka kokosovega mleka
- 1 strok svežega ingverja, olupljen in narezan
- 1 steblo limonske trave, sesekljano

**NAVODILA:**
a) V loncu z debelim dnom prepražimo skočni sklep šunke, česen in čebulo, dokler čebula ne postekleni.
b) Dodamo ostale sestavine in na majhnem do zmernem ognju dušimo pol ure.
c) Precedite v kuhinjskem robotu, nato precedite skozi fino mrežasto cedilo.
d) Začinimo in postrežemo vroče.

## 32. Ribja čajna juha

Naredi: 3 porcije

**SESTAVINE:**
- 580 g Sveže ribe, oprane v kisu
- 100 g olupljene in narezane buče
- 240 g rumenega jama Olupljen in narezan
- 40 g sesekljane čebule
- 35 g sesekljane kapesato
- 160 g Chocho/Chayote, sesekljan
- 1 škotski poper
- 100 g bamije, narezane na dva kosa
- 70 g korenja, narezanega na kocke
- 1½ čajne žličke soli ali po okusu
- 2 stroka česna Drobno sesekljan
- 3 vejice timijana
- 5 pimentovih jagod/pimenta
- 1 paket Mešanica ribjih čajnih rezancev
- 4½ skodelice vode

**ZA OPIRANJE RIBE**
- 1 limona ali limeta Za pranje rib
- 1 čajna žlička kisa Za pranje rib
- voda

**NAVODILA:**
a) V lonec za juho dajte ribe, 2½ skodelice vrele vode, čebulo, česen, čebulo in žličko soli.
b) Zvišajte ogenj na srednjo temperaturo in pustite vreti 10 do 15 minut ali dokler se ne zmehča.
c) Kuhano ribo vzamemo iz lonca, nato pa ji odstranimo kosti.
d) Dodajte dovolj vode skupaj s korenčkom, jamom, bučo, čokolado, timijanom, pimentom in škotskim poprom.
e) Pokrijemo in segrevamo do vrenja.
f) Mešanici dodajte štiri čajne žličke hladne vode.
g) Pokrijte in kuhajte 30 do 35 minut na srednji do nizki temperaturi.
h) Na polovici dodamo ribo in okro.
i) Odstranite timijan in stebla škotskega popra ter postrezite.

## 33.Kozja juha Mannish Water

Naredi: 6 obrokov

**SESTAVINE:**
- 2 funta kozje glave in nog, narezanih na kose
- ½ funta oprane in narezane buče
- Sol po okusu
- Nekaj zrn pimenta pimenta
- 1 funt rumenega jama
- 1 skodelica moke za cmoke
- 2 korenčka olupljena, oprana in narezana na kocke
- 1 irski krompir, olupljen, opran in narezan na kocke
- 3 strok česna
- 3 stebla kapesanta
- 3 prste oprane in narezane zelene banane s kožo
- 2 vejici svežega zelenega timijana
- 1 zelena feferonka

**NAVODILA:**
a) V lonec z vrelo vodo dajte kozjo glavo in noge.
b) Na zmernem ognju naj lonec vre 10 do 15 minut.
c) Dodamo nekaj zrn pimenta in dva stroka česna.
d) Kozjo glavo in noge kuhamo do polovice kuhane. Dati na stran.
e) Dodamo banano, bučo in korenček ter dušimo 10 minut.
f) Preden dodamo cmoke, čebulo, timijan in feferon, jih po okusu solimo in popramo.
g) Premešajte in zmanjšajte ogenj.
h) Juho dušimo toliko časa, da se zgosti, nato pa ogenj ugasnemo.
i) Postrežemo toplo.

## 34.Grahova juha Gungo

Naredi: 6-8

**SESTAVINE:**
- 2 skodelici posušenega gungo ali golobjega graha, namočenega čez noč in odcejenega
- 1 kos prekajene šunke
- 2 čebuli, narezani na koščke
- 2 korenčka, narezana na koščke
- 1 steblo zelene, z listi
- 2 čilija scotch bonnet ali jalapeño, očiščena in narezana na kocke
- 1 strok česna, mlet
- 1 lovorjev list
- 1 čajna žlička zdrobljenih svežih listov rožmarina ali ¼ čajne žličke zdrobljenega posušenega rožmarina
- 1 porcija vrtavk

**NAVODILA:**
a) Napolnite lonec s 6 skodelicami vode, nato dodajte skočni sklep šunke, lovorjev list, rožmarin, čebulo, korenje in zeleno.
b) Zavremo, nato pa pustimo vreti 45 minut na majhnem ognju.
c) Odstranite zelenjavo iz zaloge in prihranite skočni sklep šunke.
d) Namočen grah, osnovo in skočni sklep šunke dodajte nazaj v lonec.
e) Grah približno dve uri dušimo na majhnem ognju, dokler se ne zmehča.
f) Z rešetkasto žlico poberemo polovico graha iz juhe in ga pretlačimo v kuhinjski robot.
g) Pire dodajte nazaj v juho.
h) Pred dodajanjem pripravljenih vrtavk juho temeljito segrejte.

## 35. Jamajška goveja juha

Naredi: 6

**SESTAVINE:**
**ZA MESO**
- 2½ funta puste govedine
- 3-4 žlice začimb za goveje meso

**ZA JUHO**
- 1-1½ funta bučnega pireja
- 8 skodelic vode
- 2 skodelici sesekljane bamije
- 2 Chocho/chayote, sesekljan
- 2-3 korenčke sesekljamo in razpolovimo
- 5-6 koruznih storžev
- 10 jagod pimenta/pimenta
- 10 vejic timijana, povezanih skupaj
- 1 sesekljana čebula
- 2 kapesato cela
- 3 stroke česna sesekljane
- 3-4 žlice domače jušne mešanice
- 1 škotski poper
- roza sol, zrnca česna in črni poper po okusu

**NAVODILA:**
a) Goveje meso zmešajte z začimbami za goveje meso, premešajte in pustite stati nekaj ur ali čez noč.
b) Bučo skuhamo, nato pa pretlačimo.
c) Meso najprej skuhajte pod pritiskom.
d) Segrejte osem skodelic vode.
e) Dodamo govedino in kuhamo 45 minut na zmernem ognju.
f) Vmešamo bučni pire.
g) Dodajte jušno mešanico pimenta, timijana in škotskega bonneta, skupaj s Chocho, okro, koruzo, korenčkom, čebulo, kapesanto in česnom.
h) Pustite, da juha odkrito vre na majhnem do srednjem ognju 45 minut oziroma dokler se juha ne začne gostiti.
i) Pred serviranjem odstranite pokrov škotskega pokrova in stebla timijana.

## 36.Jamajška ovčja juha

Naredi: 6 obrokov

**SESTAVINE**
**ZA KUHANJE MESA NA PRITISKU**
- 7 skodelic vode
- 2 žlici poljubnih začimb za rdeče meso
- 2½ funtov ovčetine

**ZA KUHANJE JUHE**
- 1 funt belega ali rumenega jama, sesekljan
- 1 Chocho sesekljan
- 8 vejic timijana, povezanih v snop
- 8 jagod pimenta
- 1 krompir
- 2 sesekljana korenčka
- 3 narezane kapesato
- 1 sesekljana čebula, po želji
- 1 škotski pokrov motorja
- črni poper, česen v prahu in roza sol po okusu
- 5 skodelic vode, ki ostane od kuhanja mesa pod pritiskom
- 5 skodelic ovčje osnove
- 3 žlice mešanice bučne juhe

**ZA CMOK**
- ½ skodelice vode
- 2 skodelici brezglutenske moke
- ½ čajne žličke rožnate soli

**NAVODILA:**
**ZA KUHANJE OVČETINE NA PRITISKU**
a) V instant lonec dodamo ovčje meso, začinimo s soljo in poprom ter dolijemo vodo.
b) Pokrijte, izberite "mesni način" in kuhajte 20 minut.
c) Ko se časovnik izklopi, naredite hitro sprostitev in premaknite ventil v položaj "odzračevanje".

**ZA PRIPRAVO JUHE**
a) Ovčje meso, 5 skodelic ovčje jušne osnove in 5 skodelic vode, kuhane pod pritiskom, prenesite v lonec za jušno juho in zavrite.
b) Preden ogenj znižate na srednjo ali nizko, vmešajte čokolado, jam, krompir, korenček, mlado čebulo, čebulo, pimentove jagode, timijan in petelinjino juho.

**NAREDITI CMOKE**
a) V skledi zmešajte moko in rožnato sol.
b) V skledo postopoma dodajajte vodo, dokler ne postane dovolj lepljiva, da oblikujete kepo testa.
c) Odščipnite majhen košček testa, ga povaljajte v dlaneh, da oblikujete vrtavke, nato pa ga sploščite v kolut.
d) Dodajte jih v lonec, ko jih naredite.
e) Dodamo škotski pokrov, lonec delno pokrijemo in pustimo vreti največ eno uro.
f) Del krompirja pretlačimo s hrbtno stranjo žlice, da bo juha bolj gosta.

# 37.Jamajška juha s kozicami

Naredi: 2

**SESTAVINE:**
- 2 žlici zelene curry paste
- 1 skodelica zelenjavne juhe
- 1 skodelica kokosovega mleka
- 6 unč predkuhanih kozic
- 5 unč cvetov brokolija
- 3 žlice sesekljanega cilantra
- 2 žlici kokosovega olja
- 1 žlica sojine omake
- Sok ½ limete
- 1 srednja mlada čebula, sesekljana
- 1 čajna žlička zdrobljenega praženega česna
- 1 čajna žlička mletega ingverja
- 1 čajna žlička ribje omake
- ½ čajne žličke kurkume
- ½ skodelice kisle smetane

**NAVODILA:**
a) loncu stopite kokosovo olje .
b) Dodajte kurkumo, zeleno curry pasto, česen, ingver in mlado čebulo, nato pa ribjo omako in sojino omako .
c) Kuhajte dve minuti .
d) Dodajte kokosovo mleko in zelenjavno osnovo ter dobro premešajte.
e) Dušimo nekaj minut.
f) Ko se curry nekoliko zgosti, dodamo cvetke brokolija in koriander ter dobro premešamo.
g) Ko ste zadovoljni s konsistenco curryju dodajte limetin sok in kozice. Vse skupaj premešamo.
h) Na majhnem ognju kuhamo nekaj minut.
i) Po potrebi začinimo s soljo in poprom.

## 38. Porova juha

Naredi: 4 porcije

**SESTAVINE:**
- 6 skodelic piščančje juhe
- 1½ čajne žličke soli ali po okusu
- 2 žlici masla
- 3 skodelice pora, narezanega
- 1½ skodelice narezane čebule
- 2 žlici moke
- ½ čajne žličke mletega belega popra

**NAVODILA:**
a) V ponvi na zmernem ognju stopite maslo.
b) Na stopljenem maslu vmešamo koščke pora in čebule.
c) Med občasnim mešanjem počasi kuhamo 10 do 15 minut, da se zelenjava zelo zmehča, a ne obarva.
d) Por in čebulo odkrijemo in potresemo z moko.
e) Mešajte, da se moka poveže.
f) Na srednjem ognju kuhamo 2 minuti.
g) Ugasnite ogenj in še nekaj časa kuhajte.
h) Med nenehnim mešanjem dodajte 2 skodelici juhe, zavrite in nato vmešajte preostalo juho.
i) Juho zavremo, nato pa pustimo vreti približno 20 minut.
j) Pred serviranjem juho pretlačite, pretlačite ali zmiksajte do želene gostote.

# 39. Lečina juha

Naredi: 4 porcije

**SESTAVINE**
**ZA JUHO:**
- ½ funta klobase
- 2 žlički olja
- 2 pora obrežemo in na tanko narežemo
- 1 čebula
- 1 korenček
- ½ skodelice slivovih paradižnikov v tekočini
- 1½ skodelice leče
- 2 litra piščančje juhe
- Sol in poper po okusu
- Peteršilj

**ZA KREMA KAŠESTOVE**
- 1 žlica šerijevega kisa
- ½ skodelice sesekljane čebulice
- 1 skodelica kisle smetane

**NAVODILA:**
a) Klobaso zapečemo v pečici.
b) Dodajte ¼ skodelice hladne vode in zavrite. Dati na stran.
c) V veliki posodi segrejte olje.
d) Premešajte por, čebulo in korenje, preden pokrijete in pustite, da vpijejo maščobo.
e) Zelenjavo kuhajte približno 8 minut na majhnem ognju oziroma dokler ni prosojna.
f) Dodajte paradižnik in lečo.
g) Dodajte klobaso, osnovo, sol in poper.
h) Zavremo, nato pa pustimo vreti približno 25 minut.
i) V juho dodamo peteršilj.
j) Zmešajte vse sestavine za kapesantovo kremo in jih stresite v vsako skledo juhe.

# 40.Jastogova juha s pikantnimi ocvrti

Naredi: 4 porcije

## SESTAVINE
- 1 žlica olivnega olja
- 1 funt chorizo klobase, narezane
- 2 skodelici čebule, narezane na julien
- 8 skodelic jastoga, kozic ali ribje juhe
- 12 celih strokov česna, olupljenih
- 2 zelena čilija, narezana na tanke kolobarje
- 3 skodelice grobo sesekljanega izbranega zelenja, kot so ohrovt, gorčica, repa, blitva, regrat, zelenje pese ali špinača
- 2 skodelici narezanih paradižnikov
- 3 pomaranče, stisnjen sok
- 2 bodičasta ali Maine jastoga, prerezana na pol
- Sol
- Zdrobljeni kosmiči rdeče paprike
- ½ skodelice kokosovega mleka
- 2 žlici drobno sesekljanih svežih listov cilantra
- 1 recept za pikantne ocvrtke
- 1 recept za majonezo z rdečo papriko

## NAVODILA:
a) V velik lonec nalijte 1 žlico olivnega olja in ga segrejte na srednjem ognju.
b) Dodajte klobaso in čebulo ter kuhajte dve minuti.
c) Zavremo, medtem ko mešamo osnovo, česen in čilije.
d) Dušimo 60 minut.
e) Dodajte polovice jastoga, zeleno, paradižnik in pomarančni sok ter začinite s soljo in kosmiči rdeče paprike.
f) Dušimo 30 minut.
g) Dodajte kokosovo mleko in cilantro ter premešajte.
h) V vsako majhno skledo položite polovico jastoga.
i) Postrezite jastoge z juho na vrhu.
j) Dodajte ocvrtke in kanček majoneze kot okras.

# 41. Skuša Rundown

Naredi: 3-4

**SESTAVINE:**
- 2 funta solne skuše
- 1½ pločevinke kokosovega mleka
- 1 čebula, narezana
- 2 stroka česna
- 2 stebla kapesota
- 1 zeleni škotski poper
- 2 paradižnika, narezana
- 3 vejice timijana
- Sol
- Črni poper

**NAVODILA:**
a) Skuše kuhamo 35 minut v vreli vodi.
b) Skušo odcedimo in nakosmičimo na koščke.
c) V ponvi kuhamo kokosovo mleko, dokler se ne zgosti v kremo in se olje loči od kreme.
d) Dodamo skuše, nato pa jih na zmernem ognju kuhamo 10 minut.
e) Hrano po okusu začinimo s soljo in poprom.
f) Premešamo, pokrijemo in na majhnem ognju dušimo še deset minut.

## 42.Mojo De Ajo

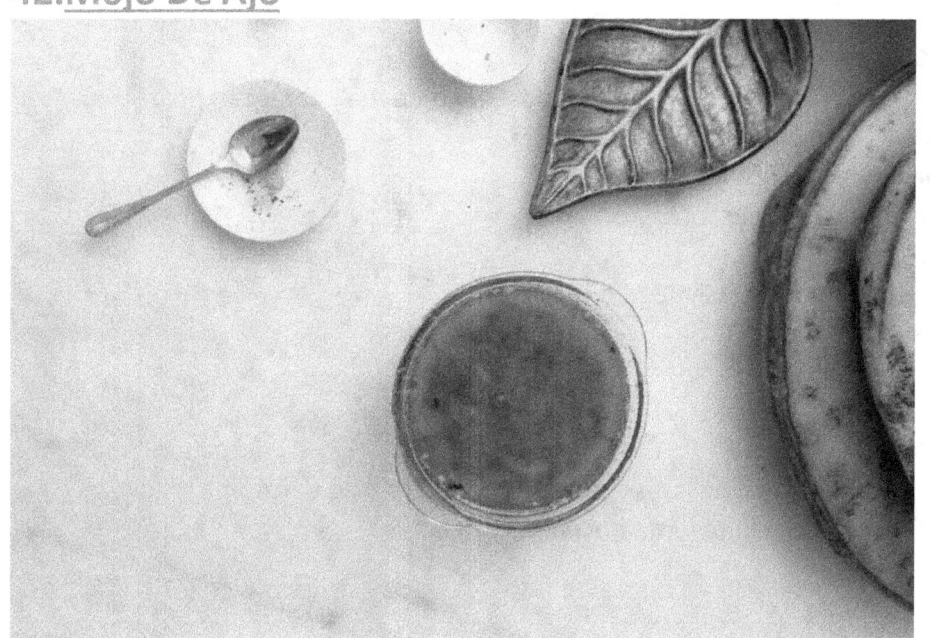

Naredi: 1 ¼ skodelice

**SESTAVINE:**
- 1 serrano čili ali jalapeño, odstranjen pecelj, razrezan po dolžini
- 1 strok česna
- ½ skodelice koriandra
- Sok 1 pomaranče
- Sok 2 limet
- ⅓ skodelice olivnega olja
- 2 žlički sladkorja
- 1 čajna žlička košer soli

**NAVODILA:**
a) Sestavine zmešajte v mešalniku, dokler niso večinoma gladke.
b) Omako nalijte v majhno skledo.

## 43. Olje navzdol Enolončnica

Naredi: 4 porcije

**SESTAVINE:**
- ½ funta taro listov, sesekljanih
- 2 vejici timijana
- 1½ funta nasoljene trske narežemo na koščke in temeljito speremo
- 2 stebli zelene
- 2 korenčka narežemo
- 1 kruhov sadež, olupljen in narezan na koščke
- Nekaj stebel drobnjaka, drobno sesekljanega
- 1 čajna žlička kurkume
- 1 zelena paprika, drobno sesekljana
- 2 čebuli narežemo
- ½ čajne žličke muškatnega oreščka
- 2 žlici svežega peteršilja, drobno sesekljanega
- 2 stroka česna sta zdrobljena
- 2 rdeči feferoni na tanko narežemo
- 1 žlica svežega ingverja, drobno naribanega
- ½ skodelice kokosovega mleka
- 1 skodelica težke smetane
- Sol
- Poper
- 3 žlice repičnega olja

**NAVODILA:**
a) V litoželezni ponvi na srednje nizki temperaturi kuhamo čebulo.
b) Dodajte feferon, česen, drobnjak, ingver, timijan in peteršilj ter med pogostim mešanjem kuhajte eno minuto.
c) Vanj stresite kruhovo sadje, korenje, zeleno papriko, zeleno in liste taroja.
d) Med stalnim mešanjem kuhamo 5 minut na srednje močnem ognju.
e) Dodajte kokosovo mleko, smetano, muškatni orešček in kurkumo.
f) Za začimbo dodajte sol in poper.
g) Kuhajte 50 minut, dokler se omaka ne zreducira.

## 44. Enolončnica iz volovega repa

Naredi: 4 porcije

## SESTAVINE
- ⅓ skodelice posušenega belega fižola, kuhanega in odcejenega
- 1 žlica rastlinskega olja
- 3 funte govejih volovskih repov
- 3 stroki česna, olupljeni in zdrobljeni
- 1 srednja rumena čebula, olupljena in narezana na kocke
- 1 paradižnik, narezan na kocke
- 2 skodelici konzervirane goveje juhe
- 2 skodelici vode
- 2 žlici sveže mletega pimenta
- Sol po okusu
- Črni poper, sveže mlet
- Tabasco omaka, po okusu

## NAVODILA:
a) Volovje repe na olju v ponvi temeljito prepražimo.
b) Voljske repke skupaj s paradižnikom, čebulo in česnom prenesite v enolončnico na štedilniku.
c) Dodajte toliko vode, da pokrije vsebino lonca skupaj z govejo osnovo.
d) Dodajte sol, poper in piment.
e) Dodamo odcejen fižol, pokrijemo in kuhamo 3 ure in pol.
f) Dodajte omako Tabasco, sol in poper za začimbo.

## 45. Papaja-pomarančna juha

Naredi: 6 obrokov

**SESTAVINE:**
- 2 skodelici Hladna piščančja juha
- 1 skodelica od Svež pomarančni sok
- 1 ovojnica navadne želatine
- 1 jajčni beljak, pretepen
- 1 ščepec od Mleta kumina
- Mandlji, sesekljani
- 1 papaja, brez semen in pretlačena
- 1 ščepec Sol
- Kokos, nariban

**NAVODILA:**
a) V lonec nalijemo hladno juho, prelijemo z želatino in pustimo za nekaj minut, da se zmehča.
b) Med neprekinjenim mešanjem dodajamo beljak, dokler se želatina popolnoma ne raztopi.
c) Pustite, da se ohladi.
d) Dodamo jušno mešanico in pomarančni sok, nato pa predelamo v pire.
e) Začinimo po okusu
f) Hladimo za nekaj ur, najbolje čez noč.
g) Za okras dodajte kokos in mandlje.

# 46.Poprana juha s kozicami

Naredi: 10

## SESTAVINE
- 10-unč paket zamrznjene okre, narezane na rezine
- 1 skodelica kokosove smetane, konzervirana
- 10 rezin limete
- 1 skodelica sveže narezane špinače
- 1/2 čajne žličke zdrobljenega rožmarina
- 1/4 čajne žličke mletega česna
- 1/4 skodelice mlete čebule
- 1 čajna žlička soli
- 1/2 čajne žličke timijanovih listov, zdrobljenih
- 1/2 žličke zdrobljenega majarona
- 1 ščepec rdeče paprike, mlete
- 1 skodelica zelene paprike, brez semen, narezana
- 6 skodelic piščančje juhe
- 2 funta kozic, olupljenih, brez žlebov

## NAVODILA:
a) Napolnite lonec z okro, špinačo, zelenim poprom, mleto čebulo, soljo, majaronom, rožmarinom, mletim česnom, rdečo papriko in piščančjo osnovo.
b) Zavremo.
c) Zmanjšajte toploto, pokrijte in pustite vreti 30 minut.
d) Dodamo kokosovo mleko in kozice.
e) Dušimo 5 minut oziroma toliko časa, da so kozice pečene.
f) Postrezite z rezinami limete kot okras.

# 47.paprike iz Gvajane

Naredi: 6 obrokov

**SESTAVINE**
- 2 funta kravje noge, narezane na koščke
- 2 čajni žlički košer soli, razdeljeni na tri strani
- 6 srednje velikih strokov česna, drobno mletega
- 4 sveže paprike wiri wiri
- 2 ½ čajne žličke piščančje juhe, razdeljene na štiri strani
- 1 funt volovskega repa z ločenimi sklepi
- 1 funt govejega kosa s kostmi, narezanega na koščke
- 1 ¼ skodelice cassareepa, razdeljenega na štiri strani
- 21 vejic svežega timijana, razdeljenih na tri dele
- 24 celih nageljnovih žbic, razdeljenih na tri dele
- 3 cimetove palčke, razdeljene na tri dele
- 2 žlici svetlo rjavega sladkorja
- 2 strok svežega ingverja, olupljen in nariban
- ½ celega naribanega muškatnega oreščka
- 1 trak pomarančne lupine

**NAVODILA:**
a) Kravjo nogo posolimo in dodamo piščančjo juho.
b) V loncu na pritisk zmešajte kravje stopalo, cassareep, timijan, cele nageljnove žbice, cimetovo palčko in 4 skodelice vode. Kuhajte pod pritiskom eno uro.
c) Tekočine za kuhanje in kravjo nogo vlijemo v nizozemsko pečico. Postavite na stran.
d) Volovski rep začinimo s piščančjo juho in soljo.
e) V enak lonec na pritisk dodajte volovske repe s kasarijo, timijan, cele nageljnove žbice, cimetovo palčko in 2 skodelici vode. Kuhajte pod pritiskom 30 minut.
f) Kuhane volovske repe in njihovo kuhalno tekočino preložimo v lonec s kravjo nogo.
g) Dodajte sol in ½ žličke. piščančja juha do govejega kosa.
h) V istem loncu na pritisk zmešajte goveji del, cassareep, timijan, cele nageljnove žbice, cimetovo palčko in 3 skodelice vode.
i) Kuhajte pod pritiskom trideset minut.
j) Kuhan goveji del in tekočino za kuhanje preložimo v lonec s kravjo nogo in volovskimi repi.
k) V lonec dodajte mleti česen, papriko wiri wiri, rjavi sladkor, nariban ingver, muškatni oreček, pomarančno lupinico ter preostalo ¼ skodelice cassareepa in 1 čajno žličko piščančje juhe ter dobro premešajte.
l) Dušimo 15 minut.
m) Odstranite z ognja, nato s površine posnamete morebitno maščobo.
n) Postrezite s kruhom.

## 48. Grahova juha s cmoki

Naredi: 6 obrokov

**SESTAVINE**
**ZA CMOKE**
- 1 skodelica moke
- ¼ skodelice vode

**ZA JUHO**
- 28 unč zamrznjenega golobjega graha
- 2 stebli zelene, sesekljani
- 1½ skodelice narezane buče
- ½ skodelice narezanega korenja
- ½ skodelice na kocke narezanega zelenega trpotca
- 61 skodelic na kocke narezanega sladkega krompirja
- 1 skodelica na kocke narezanega irskega krompirja
- skodelice vode
- 2 žlički sladkorja
- 1-2 feferona
- 1 skodelica vode + 4 žlice kokosovega prahu
- 2 stebli svežega timijana
- 4 nageljnove žbice
- 2 žlički soli
- 2 žlici rastlinskega olja

**NAVODILA:**
**ZA CMOKE**
a) Moki dodamo vodo in dobro premešamo.
b) Oblikujte kroglice.

**ZA JUHO**
a) Lonec postavite na zmeren ogenj, dodajte olje in nato kuhajte česen, dokler ne začne rjaveti.
b) Zamrznjen grah mešamo 5 minut.
c) Dodajte 2 skodelici vode in zavrite.
d) Ko je meso kuhano, dodamo prekajene kosti in dodamo še dve skodelici vrele vode.
e) Kuhamo toliko časa, da je meso pečeno in grah dovolj mehak, da ga lahko pretlačimo z žlico.
f) Ko je meso mehko, dodajte dodatne sestavine – korenje, zeleno, bučo, trpotec, čebulo in krompir.
g) Dušimo še 20 minut.
h) V ponvi stresemo nageljnove žbice in cmoke.
i) Ko so cmoki narasli, dodajte sladkor, sol in poper po okusu.
j) Postrezite toplo.

## 49. Portoriška goveja obara

Naredi: 1 porcijo

**SESTAVINE**
- 3 žlice rastlinskega olja
- 1½ funta dušene govedine, narezane na kose
- 4 vejice svežega timijana
- 3 korenje, sesekljano
- ½ funta stročjega fižola, narezanega, prepolovljenega
- 4 lovorjev listi
- 1 čebula, sesekljana
- 3 stroki česna, sesekljani
- 1 žlica sesekljanega svežega peteršilja
- 2 žlici večnamenske moke
- Dve 14½-unč pločevinki goveje juhe
- 2 skodelici suhega rdečega vina
- 4 krompirje, vzdolžno narezane na četrtine
- Sesekljan svež peteršilj

**NAVODILA:**
a) V veliki, težki kozici segrejte olje na močnem ognju.
b) Goveje meso zapecite v serijah. Dati na stran.
c) Primešamo čebulo in česen ter kuhamo pet minut.
d) Dodamo moko, peteršilj, timijan in lovorjev list.
e) Mešajte 2 minuti.
f) Postopoma dodajte vino in juho.
g) Mešanico zavrite, nato dodajte govedino nazaj v lonec.
h) Ogenj znižamo na srednje nizko, lonec pokrijemo in pustimo vreti 45 minut.
i) Dodamo krompir in korenje.
j) Med občasnim mešanjem dušimo približno 30 minut, dokler meso in zelenjava nista kuhana.
k) Dodamo stročji fižol in kuhamo 10 minut oziroma dokler se fižol ne skuha in se omaka rahlo zgosti.
l) Postrežemo okrašeno s peteršiljem.

# 50.Bučna goveja juha

Naredi: 6 obrokov

## SESTAVINE
- 16 skodelic razdeljene vode
- 1 funt sušene govedine s kostmi, soljena govedina, narezana na kose
- 6 celih semen pimenta ali jagod pimenta
- 2 stroka česna, velika, zdrobljena
- ½ funta buče, narezane na kocke
- 2 funta goveje krače, narezane na kose s kostjo ali dušeno govedino
- 1 velik, olupljen in narezan korenček
- ¼ funta rumenega jama, narezanega na kocke
- 4 vejice timijana
- 2 zdrobljena stebla zelene čebule
- ¼ funta Coco Yama, narezanega na kocke
- 2 škotski papriki po želji
- ¼ čajne žličke sveže mletega črnega popra
- ¼ funta repe, narezane na kocke
- ½ Chocho, olupljen in narezan
- 6 mokanih cmokov
- 1 paket bučne mešanice goveje juhe

## CMOKI IZ MOKE
- ½ skodelice vode
- 1 skodelica večnamenske moke
- ¼ čajne žličke soli

## NEOBVEZNE SESTAVINE
- Koruza
- Zmleti jam, krompir, sladki krompir, Dasheen, Eddo in kasava

**NAVODILA:**
**CMOKI IZ MOKE**
a) V srednjo skledo za mešanje dodajte moko in sol, nato postopoma dodajte vodo in z roko gnetite in oblikujte testo za cmoke.
b) Vsak kos oblikujte v kroglo, jo rahlo sploščite in robove testa prepognite v sredino, da dobite kolesa. Dati na stran.

**GOVEDINA**
a) V lonec dodajte vodo in zavrite.
b) Dodamo goveje meso in kuhamo približno 20 minut.
c) V istem loncu segrejte ½ skodelice vode.
d) Dodamo kuhano govejo kračo, česen in piment.
e) Kuhajte približno 45 minut, nato dodajte bučo.
f) Kuhajte približno 45 minut oziroma dokler se buča ne zmehča in govedina ni mehka.
g) Dodajte 4 skodelice vode in nadaljujte s vrenjem.
h) Dodajte preostale sveže sestavine, vključno s cmokom, in zmanjšajte toploto na srednje.
i) Vmešajte mešanico bučne goveje juhe, sol in črni poper.
j) Dušimo še 30 minut.
k) Zavrzite škotski poper in vejice timijana.

## 51. Bučna juha

Naredi: 3 skodelice

**SESTAVINE:**
- 1½ skodelice piščančje juhe
- 1 skodelica bučnega pireja
- ½ čajne žličke sveže mletega ingverja
- 2 stroka praženega česna, mleto
- ½ čajne žličke soli
- ½ čajne žličke popra
- ¼ čajne žličke cimeta
- 4 žlice masla
- ½ skodelice težke smetane
- 4 rezine slanine
- ¼ sesekljane čebule
- ¼ čajne žličke koriandra
- 1/8 čajne žličke muškatnega oreščka
- 1 lovorjev list
- 3 žlice ostankov slanine

**NAVODILA:**
a) V večji lonec pristavimo maslo na majhen ogenj in pustimo, da se dodobra stopi.
b) Dodajte čebulo, ingver in česen ter dobro premešajte.
c) Pustite, da se to duši dve do tri minute ali dokler čebula ne postane prosojna.
d) V ponev dodamo začimbe in pustimo kuhati 1-2 minuti.
e) V ponvi dobro premešamo čebulo, začimbe in bučni pire.
f) V ponev vmešajte 1½ skodelice piščančje juhe.
g) Zavremo, zmanjšamo ogenj in pustimo vreti 20 minut.
h) Zmešajte jih s potopnim mešalnikom.
i) Kuhamo še 20 minut.
j) Medtem na zmernem ognju popečemo 4 kose slanine.
k) Ko je juha kuhana, dodajte ½ skodelice težke smetane in olje s slanino.
l) Dobro premešaj.
m) Po vrhu juhe potresemo nadrobljeno slanino.
n) Postrezite z 2 žlicama kisle smetane in peteršiljem.

## 52.iz arabice in arašidov

Naredi: 6 obrokov

**SESTAVINE:**
- 2 unči Solena svinjina, narezana na kocke
- 2½ funta od Kunčje meso očistimo in narežemo na kocke
- ¼ čajne žličke Zmleti majaron
- 1 vejica peteršilja
- Sol
- 1 čebula, sesekljana
- 1 strok česna, sesekljan
- 2 skodelici piščančja osnova
- ½ skodelice Arašidovo maslo
- ¼ čajne žličke Mleti muškatni orešček
- 1 lovorjev list
- ¼ čajne žličke Mleti timijan
- Poper
- 2 čilija Serrano
- Pekoča omaka

**NAVODILA:**
a) V loncu stopite solno svinjino.
b) Odstranite ocvirke in zajca skuhajte na stopljeni maščobi.
c) Primešajte čebulo in česen, nato pa kuhajte do mehkega.
d) Dodajte osnovo skupaj z lovorovim listom, timijanom, majaronom, peteršiljem, soljo in poprom po okusu.
e) Zajca kuhamo pokritega na majhnem ognju, dokler se ne zmehča, približno 1 uro.
f) Odcedite 2 skodelici tekočine od kuhanja.
g) Zmešajte ali obdelajte 1 skodelico s čilijem, arašidovim maslom in muškatnim oreščkom, dokler ni gladka.
h) Vmešajte drugo skodelico tekočine za kuhanje, nato pa mešanico arašidovega masla kuhajte 15 minut.
i) Dodamo koščke zajca in kuhamo 3 minute.

## 53.iz rdečega fižola

Naredi: 8 obrokov

**SESTAVINE**
- 1 čebula, sesekljana
- 2 stebli zelene, sesekljani
- 6 sesekljanih čilijev Serrano ali Jalapeno
- 2 skodelici posušenega fižola
- ¼ funta slane svinjine
- 1½ litra vode
- Sol in poper po okusu

**NAVODILA:**
a) Sestavine združite v počasnem kuhalniku.
b) Zavremo, nato znižamo ogenj in pustimo vreti tri ure.
c) Mešajte do gladkega in nato precedite.
d) Juho postrezite toplo s štedilnika.

## 54.Juha iz rdečega graha

Naredi: 6 obrokov

**SESTAVINE**
- 1 funt skočnih sklepov prekajenega pršuta, narezanih in namočenih čez noč
- 2 skodelici posušenega fižola
- 4 litre vode
- 1 feferon
- Sol
- 1 čebula, sesekljana
- 2 zeleni čebuli, sesekljani
- 1 funt dušene govedine, narezane na kocke
- 4 majhni krompirji, olupljeni in narezani na kocke
- ½ skodelice kokosovega mleka, neobvezno
- 1 vejica svežega timijana

**NAVODILA:**
a) V težki ponvi zmešajte goveje meso, posušen fižol in vodo.
b) Pokrijte in dušite govedino in fižol 1 uro na zmernem ognju.
c) Dodamo čebulo, čebulo, timijan, feferon, krompir, kokosovo mleko in poljubno olupljeno korenasto zelenjavo ali cmoke.
d) Začinimo s soljo in pustimo vreti 1 uro.
e) Pred serviranjem odstranimo vejico timijana in cele feferone.

## 55.Juha iz pečene paprike in kumar

Naredi: 4 porcije

**SESTAVINE**
- 4 kumare, narezane na koščke
- 2 zeleni sladki papriki
- 1 žlica zelene začimbe
- 1 čebula, olupljena in narezana
- ½ čajne žličke poprove omake
- Sol in črni poper
- ½ skodelice težke smetane
- 1 čajna žlička sesekljanega peteršilja
- 3 stroki česna
- 1 unča masla
- 4 rezila drobnjaka
- 5 skodelic vode ali temeljca

**NAVODILA:**
a) Papriko popečemo na segretem žaru.
b) Papriko olupimo, nasekljamo in ji odstranimo semena.
c) V velikem loncu zmešajte kumare s čebulo, česnom, zelenimi začimbami, drobnjakom, vodo ali osnovo, poprovo omako ter malo soli in popra.
d) Pustite vreti 10 do 15 minut.
e) Dodamo maslo in pečeno papriko ter dušimo še 2 minuti.
f) Mešanico juhe v serijah pretlačite v pire, dokler ni gladka.
g) Ponovno dodajte juho v lonec.
h) Po dodajanju smetane dobro premešajte.
i) Postrezite z nekaj sesekljanega peteršilja na vrhu.

## 56. S kozicami in bučno juho

Naredi: 4 porcije

**SESTAVINE**
- 2 čebuli, narezani
- 2 korenčka, narezana na tanke rezine
- 1 žlica narezanega svežega cilantra
- 2 žlički naribanega svežega ingverja
- 2 stroka česna, nasekljana
- ½ čajne žličke mletega pimenta
- 2 žlici olivnega olja
- 14-unčna pločevinka piščančje juhe
- 15-unčna pločevinka buče
- 1½ skodelice mleka z manj maščobami
- 8-unč pakiranje zamrznjenih, olupljenih in razrezanih kuhanih kozic, odmrznjenih
- Sveži škampi v lupinah, olupljeni, razrezani in kuhani
- Narezan svež drobnjak

**NAVODILA:**
a) Čebulo, korenje, koriander, ingver, česen in piment kuhajte v segretem olju v ponvi na srednjem ognju 14 minut ali dokler se zelenjava ne zmehča.
b) Mešanico prestavimo v posodo kuhinjskega robota.
c) Dodajte ½ skodelice piščančje juhe.
d) Postopek do skoraj gladkega.
e) V isti ponvi zmešajte bučo, mleko in preostalo juho.
f) Dodajte 8 unč kozic in mešano zelenjavno mešanico ter kuhajte.
g) Juho nalijemo v posode.
h) Okrasimo s sesekljanim drobnjakom.

# 57. Enolončnica postrvi v počasnem kuhanju

Naredi: 4 porcije

**SESTAVINE**
- 4 postrvi
- 1 čajna žlička pimenta
- 1 čajna žlička paprike
- 1 čajna žlička koriandra
- 2 žlici oljčnega olja
- 6 mladih čebulic, debelo narezanih
- 1 rdeča paprika, sesekljana
- 2 paradižnika, grobo narezana
- 1 čajna žlička posušenih čilijevih kosmičev
- 1 čajna žlička timijana
- 1 skodelica ribje osnove
- sol in poper po okusu
- kruh za postrežbo

**NAVODILA:**
a) Začimbe zmešamo in z njimi potresemo postrvi.
b) Na segreto olje v ponvi dodamo postrv in jo pražimo, da porjavi.
c) Razporedite ga v lonec za počasno kuhanje.
d) Dodajte preostale sestavine skupaj z morebitnimi ostanki začimb in zavrite.
e) Postrvi kuhamo dve uri.
f) Postrezite s kruhom.

## 58.Juha Joumou v Stockpotu

Naredi: 10–12

**SESTAVINE**
- 1 skodelica plus 1 žlica destiliranega belega kisa, razdeljeno
- 1 funt goveje krače, narezane na kocke in oprane v kisu
- 2 repi, drobno sesekljani
- 1 zeleni škotski bonnet ali habanero čili
- 1 funt enolončnice, narezane na kocke in splaknjene v kisu
- 1 skodelica začimbne osnove Epis
- 1 srednja buča calabaza, olupljena in narezana na kocke
- 3 rdečerjavi krompirji, drobno narezani
- 3 žlice svežega limetinega soka
- 1 žlica začinjene soli
- 15 skodelic goveje ali zelenjavne juhe, razdeljeno
- 1 funt govejih kosti
- 3 korenčki, narezani
- ½ zelenega zelja, zelo tanko narezanega
- 1 čebula, narezana
- 1 steblo zelene, grobo sesekljano
- 1 por, samo beli in bledozeleni deli, drobno narezan
- 1 vejica timijana
- 2 žlici olivnega olja
- 1½ skodelice rigatonov
- 6 celih nageljnovih žbic
- 1 čajna žlička česna v prahu
- 1 čajna žlička čebule v prahu
- 2 ½ čajne žličke košer soli in več
- ½ čajne žličke sveže mletega črnega popra in več
- Ščepec kajenskega popra in več
- 1 vejica peteršilja
- 1 žlica nesoljenega masla

**SLUŽITI**
- Hrustljav kruh

**NAVODILA:**
a) Zmešajte limetin sok, začinjeno sol in začimbno osnovo Epis.
b) Dodamo goveje meso in mariniramo vsaj 30 minut ali čez noč.
c) V zelo kuhanem loncu segrejte 5 skodelic juhe na zmernem ognju.
d) Dodamo marinirano govedino in kosti, lonec pokrijemo in dušimo približno 40 minut.
e) V ponev na govedino dajte bučo, jo pokrijte in kuhajte 20 do 25 minut ali dokler se vilice ne zmehčajo.
f) Premaknite Squash v mešalnik. Dodajte 4 skodelice juhe in pretlačite do gladkega pireja.
g) Vrnite v lonec in zavrite.
h) Dodajte preostalih 6 skodelic juhe, krompir, korenje, zelje, čebulo, zeleno, por, repo, čili, rigatoni, nageljnove žbice, česen v prahu, čebulo v prahu, sol, poper, ščepec kajenske paprike in preostalo zelenjavo.
i) Dušimo 30 minut.
j) Dodamo olje, maslo in zadnjo žlico kisa.
k) Dušimo še dodatnih 15-20 minut na srednje nizkem ognju ali dokler govedina ni izjemno mehka.
l) Juho postrežemo v skledicah s kruhom ob strani.

# 59. Souse

Naredi: 2

**SESTAVINE**
- 6 kosov prašičjih nog, kuhanih v tlaku s stroki česna in malo soli
- 1 žlica soli
- 3 skodelice vode
- 1 žlica sesekljanih listov timijana
- 3 stroki česna, mleti ali sesekljani
- 2 žlici svežega limetinega/limoninega soka
- cele sveže feferone
- 1 žlica sesekljanega peteršilja
- 1 glavica narezane kapestase

**NAVODILA:**
a) V skledi zmešajte vodo, papriko, mlado čebulo, čebulo, česen, sol, limetin sok in peteršilj.
b) Z žlico nežno pritisnite sestavine ob stene posode, da se lažje povežejo in razširijo okuse.

# 60. Razcepljena grahova juha

Naredi: 6 obrokov

## SESTAVINE
- 1 funt rumenega zdrobljenega graha, opranega
- 1 čebula
- 1 čajna žlička posušenega timijana
- ½ čajne žličke kosmičev rdeče paprike
- 2 stroka česna mleta
- 15 unč kokosovega mleka
- po 2 lovorjeva lista
- 1 čajna žlička posušenega origana
- 1 žlica madraškega curryja
- 1 skodelica naribanega krompirja
- ¼ čajne žličke kajenskega popra po želji
- po 2 Ena sladka rumena paprika in ena sladka oranžna paprika, narezana na kocke
- 6 skodelic zelenjavne juhe Če niste vegan, lahko uporabite piščančjo juho.
- 1 funt kasave/juke, sesekljane

## NAVODILA:
a) Na srednji ogenj pristavimo velik lonec in dodamo sesekljano čebulo.
b) Dodamo nekaj mletih strokov česna.
c) Pražite s čebulo, dokler ne postekleni.
d) Dodajte lovorjev list, origano, timijan, kosmiče rdeče paprike, madraški kari, narezano rumeno in oranžno papriko ter zelenjavno juho, medtem ko se čebula in česen dušita. Dobro premešaj.
e) Dodajte rumeni strt grah.
f) Dodajte tri rezine kasave ali juke.
g) Dodajte kokosovo mleko in premešajte.
h) Zdrobljen grah kuhajte na majhnem ognju dodatnih 10-15 minut ali dokler ni mehak.

# 61.Bučna juha

Naredi: 4 porcije

**SESTAVINE:**
- 1 čebula, olupljena in narezana
- 1 korenček, olupljen in narezan
- 1 jalapeño, poper, odstranjena semena, drobno sesekljan
- 1 špageti, olupljeni in narezani na kocke
- 3 skodelice piščančje juhe
- 3 žlice masla
- 2 žlički mlete kumine
- 2 čajni žlički mletega koriandra
- ½ čajne žličke mletega cimeta
- ½ čajne žličke kajenskega popra
- ½ čajne žličke čilija v prahu
- Sok 1 pomaranče
- Sok 1 limete

**SIRDELJA KREMA**
- 4 žlice kisle smetane
- Sol
- 3 Ancho čiliji, prepolovljeni, brez pecljev in semen
- 6 žlic mandljevega mleka
- Poper
- Limetin sok po okusu

**NAVODILA:**
a) V težkem loncu na maslu prepražimo čebulo, korenček in papriko Jalapeno, dokler se ne zmehčajo.
b) Začinite s kumino, koriandrom, cimetom, kajenskim pekom in čilijem v prahu.
c) Dodajte bučo in kuhajte še dve minuti na majhnem ognju, preden mešanici dodate osnovo, pomarančni sok in limetin sok.
d) Dušimo približno pol ure oziroma toliko časa, da se buča zmehča. Pustite, da se ohladi.
e) Mešanico pretlačite v kuhinjski robot ali s potopnim mešalnikom.
f) Juho vrnemo v ponev, jo začinimo s soljo in poprom.
g) Vmešajte Ancho kremo.
h) Okrasite s kislo smetano, ki ste jo razredčili z malo smetane.

# 62. Squash in krompirjeva enolončnica

Naredi: 6 obrokov

**SESTAVINE:**
- 3 Čebula, drobno narezana
- 1 skodelica Zelenjavna juha
- 1 strok česna, mlet ali stisnjen
- Dve 16-unčni pločevinki črnega fižola, odcejeni
- 2 limeti, narezani na kolesca, za okras
- ½ čajne žličke Kosmiči posušene rdeče paprike
- ½ čajne žličke Mletega pimenta
- 16-unčna pločevinka paradižnika
- 1 masleno bučo, olupljeno, brez semen in narezano na koščke
- 1 funt Idaho krompirja, olupljenega in narezanega na koščke
- Popramo po okusu

**NAVODILA:**
a) Na balzamičnem kisu prepražimo čebulo.
b) Dodajte preostale sestavine, razen limete, peteršilja in črnega fižola.
c) Ponev pokrijemo in dušimo 20 minut na srednje nizki temperaturi.
d) Dodamo črni fižol in pred serviranjem segrevamo 10 minut.
e) Postrezite s koščkom limete za vrh.

# 63. Dušeni Calaloo

Naredi: 3 porcije

**SESTAVINE:**
- 1 skodelica kokosovega mleka
- Sesekljani listi Callaloo
- 3 žlice rastlinskega olja
- Sol in poper po okusu
- 2 mleta stroka česna
- 2 čebuli
- Pekoča omaka

**NAVODILA:**
a) V kozici segrejemo olje.
b) Dodajte mleto čebulo in česen.
c) Dodajte liste Callaloo in premešajte , dokler ne ovenejo in so prekriti z oljem.
d) Dodamo kokosovo mleko in pustimo vreti 5 minut .
e) Začinite s soljo in poprom ter postrezite .

## 64. Dušen fižol s kokosovim mlekom

Naredi: 6 obrokov

## SESTAVINE
### DUŠEN FIŽOL
- 2 skodelici posušenega fižola, namočenega čez noč
- 6 skodelic vode
- 1-14 unč pločevinke kokosovega mleka
- 1 čebula, sesekljana
- 2 stroka česna, nasekljana
- 2 žlički soli ali po okusu
- ½ čajne žličke posušenega timijana ali 1 vejica svežega
- 1 srednje velik korenček, narezan na kovance
- 1 celo steblo popra Scotch Bonnet nedotaknjeno ali ¼ čajne žličke kajenskega popra
- ¼ čajne žličke svežega naribanega ingverja
- ¼ čajne žličke mletega pimenta ali 6 jagod
- 1 serija cmokov/vrtavk

### CMOKI/SPENKALKE
- ½ skodelice moke
- ¼ skodelice hladne vode
- ¼ čajne žličke soli

## NAVODILA:
### ZA ENOLONIČNI GRAH
a) V lonec prilijemo vodo in fižol zavremo.
b) Fižol dušimo 1 uro oziroma toliko časa, da se zmehča.
c) Dodajte kokosovo mleko, korenje, čebulo in česen.
d) Dodamo vrtalke, timijan in druge začimbe ter kuhamo še 30 minut.
e) Pred serviranjem stresite poper.
f) Okusno ob solati in rjavem rižu!

### ZA CMOKE
a) V skledi zmešajte sol in moko.
b) Če želite narediti trdo testo, dodajte vodo in premešajte.
c) Oblikujte dolge tanke polpete, odščipnite koščke testa in jih povaljajte med dlanmi.
d) Spustite v vrelo enolončnico.

# 65.Dušene slane ribe

Naredi: 6

**SESTAVINE**
- 12 unč soljene trske/bacalao
- 1 čebula, narezana na tanko
- 1 goveji paradižnik, narezan na kocke
- 1 paprika, sesekljana
- 2 žlici rastlinskega olja
- 3 piment paprike, sesekljane
- 1 feferon, sesekljan
- ¼ čajne žličke črnega popra
- 4 stroki česna, zdrobljeni
- 4 rezila cilantra, sesekljane
- 1 steblo zelene, sesekljano
- 2 glavici, sesekljani
- 1 žlica timijanovih kosmičev
- Ščepec soli

**NAVODILA:**
a) Solano ribo prelijemo z vodo in pustimo namakati približno 20 minut, vodo odlijemo.
b) V loncu segrejemo olje.
c) Dodajte sesekljano zelenjavo, vključno s feferonom, pimentom, česnom, čebulo, zeleno in kapesanto.
d) Dodajte slano ribo v ponev.
e) Dodajte preostali koriander, paradižnik in črni poper.
f) Po nadaljnjih petih minutah kuhanja odstavimo z ognja.

# 66. Paradižnikova čoka riževa juha

Naredi: 4 porcije

## SESTAVINE
- 3 paradižniki
- 1 čebula
- 4 stroki česna
- 2 žlici oljčnega olja
- 4 skodelice piščančje juhe
- ¼ škotskega popra
- 1 skodelica parboiled rjavega riža
- 1 žlica sesekljanega peteršilja
- ¼ čajne žličke črnega popra
- ¼ čajne žličke soli
- ½ čajne žličke timijana
- 1 žlica paradižnikove paste
- ½ čajne žličke rjavega sladkorja
- ščepec mletega koriandra

## NAVODILA:
a) Zrele paradižnike in cel zeleni poper pečemo na žaru približno 2-3 minute, paradižnike pa približno 20-30 minut.
b) Ko so dovolj ohlajeni, da jih lahko uporabljate, odstranite zoglenelo kožo in jih grobo nasekljajte.
c) Segrejte olivno olje in na njem približno 4 minute rahlo pražite narezano čebulo, timijan in česen.
d) Dodajte paradižnikovo pasto in kuhajte še 2-3 minute.
e) Zdaj povečajte ogenj in dodajte vse ostale sestavine razen riža. Zavremo.
f) Dodamo riž in dušimo 20-25 minut.
g) Potresemo z nekaj sesekljanega peteršilja in postrežemo s kruhom.

# 67. Paradižnikova juha iz leče

Naredi: 6 obrokov

**SESTAVINE**
- 12 paradižnikov, narezanih
- 1 žlica olivnega olja
- 2 čebuli, drobno sesekljani
- 4-6 strokov česna, strt
- 2 skodelici paradižnikove omake
- 1 skodelica leče
- 4 skodelice zelenjavne osnove
- 1 čajna žlička karija v prahu
- 1 čajna žlička jeera
- ½ čajne žličke koriandra
- ¼ skodelice paradižnikove paste
- Sol in poper po okusu
- ½ skodelice težke smetane
- Ščepec kajenskega popra
- 2 žlički sladkorja
- 2 skodelici vode

**NAVODILA:**
a) Lečo kuhajte v ponvi z vodo vsaj 30 do 35 minut oziroma dokler se grah ne zmehča.
b) V ponvi segrejemo olje, dodamo čebulo in pražimo 2 minuti.
c) Dodajte česen, curry v prahu, jeera in koriander ter dušite 2-3 minute.
d) Zmešajte lečo, paradižnik, paradižnikovo omako, paradižnikovo pasto in začimbe s čebulo.
e) Prilijemo vodo in osnovo, nato zavremo.
f) Kuhajte 30 minut ali dokler se paradižniki ne razgradijo, in po okusu začinite s sladkorjem, soljo in kajenskim pekom.
g) Dodamo smetano, stepemo in postrežemo.

# 68. Rumena Y am juha

Naredi: 4 porcije

**SESTAVINE:**
- 2 rdeči papriki, pečeni, brez semen in olupljeni
- ⅓ skodelice Rdeča in rumena paprika, narezana na kocke
- 1 žlica Česnova omaka s čilijem
- 1 čajna žlička Mlet jalapeno poper
- 3 jame, olupljene, narezane in kuhane
- 4½ skodelice Zelenjavna juha z nizko vsebnostjo natrija, razmaščena
- 2 žlici Mlet svež cilantro

**NAVODILA:**
a) Sestavine zmešajte ali predelajte v kuhinjskem robotu, dokler niso popolnoma gladke.
b) Mešanico segrevajte v loncu na zmernem ognju.
c) Med občasnim mešanjem kuhamo 2 minuti.
d) Postrezite toplo.

# GLAVNA JED

# 69. Hobotnica na žaru

**SESTAVINE:**
- 8 oz hobotnice
- 3 žličke olivnega olja
- 1 čajna žlička majhnih kaper
- 1 čajna žlička paprike
- Malo origana
- Sol po okusu
- 1 čebula

**NAVODILA:**
a) Hobotnico narežemo na majhne rezine.
b) Vse sestavine razen čebule in paprike zmešajte na ognjiču.
c) Kuhajte, dokler ni hobotnica zlate barve.
d) Hobotnico vzamemo z rešetke, damo v ponev, dodamo papriko in na drobno narezano čebulo ter dodamo še nekaj olivnega olja.
e) Odstranite iz ponve in uživajte s svojo najljubšo stranjo.

## 70.Piščanec kreten

**SESTAVINE:**
- 1 žlica pimentovih jagod, grobo mletih
- Dva 3 ½ – 4 funtov piščanca, krače in stegna
- 1 žlica grobo mletega popra
- 1 srednja čebula, grobo sesekljana
- 1 čajna žlička posušenega timijana, zdrobljenega
- 3 srednje velike čebulice, sesekljane
- 1 čajna žlička sveže naribanega muškatnega oreščka
- 2 narezana čilija Scotch bonnet
- 1 čajna žlička soli
- 2 stroka česna, sesekljana
- ½ skodelice sojine omake
- 1 žlica petih začimb v prahu
- 1 žlica rastlinskega olja

**NAVODILA:**
a) V kuhinjskem robotu zmešajte čebulo, čebulo, čili, česen, pet začimb v prahu, piment, poper, timijan, muškatni oreščk in sol; predelajte v grobo pasto.
b) Medtem ko je kuhinjski robot vključen, postopoma dodajajte sojino omako in olje.
c) Marinado vlijemo v veliko, plitvo posodo, dodamo piščanca in ga obrnemo, da ga premažemo. Pokrijte in hladite čez noč.
d) Preden nadaljujete, piščanca segrejte na sobno temperaturo.
e) Prižgite žar. Piščanca pečemo na srednje vročem ognju, občasno obračamo, dokler dobro ne porjavi in se skuha, 35 do 40 minut.
f) Piščanca prestavimo na krožnik in postrežemo.

## 71. Tequila Lime Seafood Pinchos

## SESTAVINE:

- 8 unč neolupljenih velikih svežih kozic
- 8 unč filejev kirnje, narezanih na 1-palčne kose
- 8 unč filejev lososa, narezanih na 1-palčne kose
- 4 unče svežega snežnega graha
- 1 velika rdeča paprika, narezana na 1-palčne koščke
- 1/2 ananasa, olupljenega, strženega in narezanega na 1-palčne rezine
- 1/4 skodelice svežega limetinega soka
- 1/4 skodelice tekile
- 3 žlice pomarančnega soka
- 2 žlički mlete zelene čebule
- 1 1/2 čajne žličke sesekljanega svežega cilantra
- 1 1/2 čajne žličke začimbe za morske sadeže Limin' Times

## NAVODILA:

a) Olupite kozice, pustite repe; devein, če želite. 12-palčna kovinska nabodala premažite s pršilom za kuhanje.
b) Na nabodala izmenično nanizajte kozice, škrpino, lososa, grah, papriko in ananas.
c) V plitko posodo položimo ražnjiče. Združite limetino lupino in naslednjih 7 sestavin v majhni skledi; prelijemo čez ražnjiče.
d) Pokrijte in marinirajte v hladilniku 1 uro, občasno obrnite. Odstranite kebab iz marinade.
e) Pecite na žaru z zaprtim pokrovom na srednje močnem ognju 6 do 7 minut na vsaki strani ali dokler se riba ne raztrga z vilicami.
f) Postrezite takoj.

# 72. Španski Pinchos s česnovimi kozicami

## SESTAVINE:
- 2 žlici ekstra deviškega oljčnega olja
- 1 čajna žlička Adobo
- 2 stroka česna, drobno sesekljan
- ¼ čajne žličke zdrobljene rdeče paprike
- 1 lb jumbo kozic, olupljenih in razrezanih
- 1 velika zelena in/ali rdeča paprika, narezana na 1-palčne kose
- 1 limona, narezana na 8 rezin
- 4 nabodala

## NAVODILA:
a) V plastični vrečki z zadrgo ali plastični posodi s pokrovom zmešajte olje, adobo, česen in poprove kosmiče. Dodajte kozice, premešajte, da se združijo; prenesite v hladilnik.
b) Kozice ohlajajte vsaj 15 minut ali do 30 minut. Odstranite kozice iz marinade; shranite preostalo tekočino.
c) Na nabodala izmenično nanizajte paprike, kozice in limone, tako da se vsako nabodalo začne in konča s papriko in vsebuje 4 kose kozic. S čopičem za pecivo namažite prihranjeno marinado na kozice in zelenjavo.
d) Pripravite žar na srednje močan ogenj ali segrejte ponev z debelim dnom na srednje močnem ognju.
e) Kozico položite na vročo površino in kuhajte, dokler kozica ne postane rožnata in neprozorna, enkrat obrnite, 3 – 5 minut.

# 73. Zrezek začinjen z rumom in ananasovim okusom

**SESTAVINE:**
- 2 skodelici narezanega svežega ananasa
- 1/2 skodelice narezane rdeče čebule
- 2 žlici sesekljanega rdečega jalapeno čilija
- 1 žlica mletega svežega drobnjaka
- 1/4 čajne žličke soli
- 1 žlica limetinega soka
- 2 žlici Worcestershire omake
- 2 žlici olivnega olja
- 1 žlica začimbe za žar rum
- 4 goveji NY strip steaki brez kosti

**NAVODILA:**
a) V srednji skledi zmešajte vse sestavine za okus do limetinega soka. Pustimo stati 30 minut.
b) V majhni skledi zmešajte Worcestershire omako, začimbe za žar Rum Spice in olje. Toplota.
c) Zrezke posušite, obe strani namažite z mešanico Worcestershire/Spice in jih vrzite na žar.
d) Potresemo s poprom. Postrezite s slastjo.

## 74. Pomarančne piščančje prsi na žaru

Naredi: 4 porcije

**SESTAVINE:**
- 2 žlici svežega pomarančnega soka; plus 2 čajni žlički
- ¾ čajne žličke pomarančne lupine
- 2 žlički olivnega olja
- 2 žlički limetinega soka
- ¾ čajne žličke svežega ingverja; mleto
- 2 stroka česna; mleto
- ⅛ čajne žličke svežega origana; mleto
- 1 funt piščančjih prsi brez kosti in kože; prepolovljena

**NAVODILA:**
a) V mešalniku zmešajte vse sestavine razen piščanca.
b) Z marinado prelijte piščančje prsi in jih marinirajte v hladilniku vsaj 2 uri ali do 48 ur.
c) Piščanca pečemo na žaru ali pečemo približno 6 minut na vsako stran, dokler ne ostane več rožnate barve.

## 75. Mečarica na žaru

Naredi: 4 porcije

**SESTAVINE:**
- 1⅓ funtov zrezkov mečarice
- 4 žlice Jerk marinade
- 8 unč lahko ananasovi posladki, odcejeni, prihranite sok
- 1½ skodelice piščančje juhe
- 1 skodelica dolgozrnatega belega riža
- 1 majhna rdeča paprika, brez jedra, semen, narezana na kocke
- 6 celih pimentovih jagod
- 2 zeleni čebuli, sesekljani
- 1 limeta, narezana na kline

**NAVODILA:**
a) Ribe operemo v hladni vodi in osušimo s papirnatimi brisačkami. Obe strani namažite z marinado in položite na krožnik. Dati na stran.
b) Predgrejte žar na oglje ali brojler.
c) Prihranjenemu ananasovemu soku dodajte dovolj piščančje juhe za 2 skodelici.
d) Mešanico juhe, ananas, riž, papriko in piment zmešajte v srednje veliki ponvi in na močnem ognju zavrite.
e) Pokrijte, zmanjšajte ogenj na nizko in kuhajte, dokler se tekočina ne vpije, 18-20 minut.
f) Vzemite z ognja in pustite stati, dokler ni pripravljen za serviranje; zavrzite jagode pimenta.
g) Ko je riž kuhan 12-15 minut, položite ribo na rahlo naoljen žar in pecite 3 minute. Obrnite se in kuhajte, dokler riba ni komajda neprozorna, a v sredini še vlažna.
h) Riž prepihajte z vilicami, vmešajte zeleno čebulo in naložite na posamezne krožnike. Mečarico prestavimo na krožnike in okrasimo z rezinami limete.

# 76.Trden svinjski trebuh

Naredi: 4
**SESTAVINE:**
- 500 g svinjskega trebuha
- Fina morska sol ali košer sol

**ZA MARINADO JERK**
- 1 večji šopek timijana, pobranih in opranih listov
- 1 velik šop koriandra, opran
- 6 srednje velikih čebul, olupljenih in na četrtine narezanih
- 2 cela čebulica česna, ločena in olupljena stroka
- 1 žlica pimenta
- 1 žlica cimeta
- 2 čajni žlički muškatnega oreščka
- 4 žlice sojine omake
- 6 škotskih čilijev brez pečk

**NAVODILA:**
a) Če pripravljate marinado, zmešajte vse sestavine v kuhinjskem robotu, dokler niso zelo drobno sesekljane in gladke. Zdaj ga lahko dva do tri tedne hranimo v čistem kozarcu v hladilniku; ali pa ga zamrznite v pladnjih za ledene kocke, shranite v zaprti plastični posodi in po potrebi odtajajte.

b) Svinjsko kožo zarežite z ostrim nožem in namažite z marinado, tako da jo enakomerno prekrijete s tanko plastjo. Ne pozabite dodati soli, če je vaša marinada ali začimba še ne vsebuje; lahko ste razmeroma radodarni, če uporabljate košer sol – zadostujeta približno dve žlici. Pustite čez noč marinirati v hladilniku.

c) Ko ste pripravljeni na kuhanje, vnaprej dobro segrejte žar. Če uporabljate plinski žar, ga pred peko segrevajte 20-30 minut; pri žarih na premog se prepričajte, da so plameni ugasnili in dobili tisti čudovit sijaj.

d) Svinjsko meso položite s kožo navzdol na najhladnejši del žara – vroča in hladna območja lahko ustvarite tako, da postavite eno stran na nižjo nastavitev za plin ali tako, da premaknete nekaj oglja na eno stran pri žaru na premog. Pokrijemo s pokrovko in pustimo hrustljati 20-30 minut – pazite na to, saj ne želite, da se koža zažge.

e) Ko je koža hrustljava, svinjino obrnite in pustite kuhati, dokler ni meso dovolj mehko, da ga zlahka razvlečete z vilicami. To naj bi trajalo približno dve uri. Ko je pečen, ga odstranite, pokrijte s folijo in pustite počivati 30 minut.

# 77.Fileji skuše na žaru

Naredi: 4

**SESTAVINE:**
- 6 olupljenih strokov česna
- 1 banana šalotka ali 2 rožnati šalotki, olupljeni in grobo narezani
- 2 mladi čebuli, oprani in grobo narezani
- 4 vejice timijana, nabrani lističi
- 1 čajna žlička posušenega koriandra
- Sok ½ limone
- 4 žlice oljčnega olja
- Sol in poper po okusu
- 4 fileti skuše

**NAVODILA:**
a) Vse sestavine za ribe zmešajte v kuhinjskem robotu, dokler ne dobite gladke marinade.
b) Ribe posušite in jih položite v posodo, ki je dovolj velika, da so vsi zrezki v eni plasti.
c) Zrezke prelijemo z marinado, pri čemer pazimo, da so obe strani enakomerno prevlečeni, in odstavimo, medtem ko segrevamo žar.
d) Če uporabljate plinski žar, ga pred peko segrevajte 20-30 minut; pri žarih na premog se prepričajte, da so plameni ugasnili in dobili tisti čudovit sijaj.
e) Ribe tri minute pečemo na najbolj vročem delu žara, nato jih obrnemo in pečemo na drugi strani še približno tri minute.
f) Zrezki se morajo zlahka luščiti, hkrati pa ohraniti čvrstost.

## 78.Karibski cel rdeči hlastač na žaru

Naredi: 3

**SESTAVINE:**
- 1-2 cela hlastača, vsak približno 1-1 1/2 funta
- sol in poper po okusu
- 1-2 sveži limoni
- 1 čajna žlička mletega belega popra
- 1 čajna žlička mletega pimenta
- 1 žlica stroka česna, mleta
- 1 čajna žlička mletega ingverja
- 1 čajna žlička paprike
- 2 žlički timijana, drobno sesekljanega
- ½ skodelice grobo sesekljane bazilike ali peteršilja
- 1 čajna žlička ali več piščančje juhe, neobvezno
- jedilnega olja, približno ¼ skodelice ali več za mešanje

**NAVODILA:**
a) Na vsaki strani ribe naredite tri do štiri diagonalne reze, vse do kosti.
b) Ribo posolimo, popopramo in čeznjo stisnemo malo limone. Dati na stran.
c) V majhni skledi zmešajte beli poper, piment, mlet česen, ingver, papriko, timijan, baziliko ali peteršilj, piščančjo juho in olje, da naredite marinado za ribe.
d) Ribe prelijte z marinado in jih nežno obračajte naprej in nazaj, dokler niso prevlečene znotraj in zunaj.
e) Pustite, da se marinira v hladilniku do 24 ur.
f) Predgrejte na visoko temperaturo.
g) Ko ste pripravljeni za peko, obrišite košaro za žar z oljem in nato ribe takoj položite v skrinjico za ribe.
h) Pečemo jih približno 1-2 minuti na vsaki strani.
i) Zmanjšajte na srednje visoko in nato pokrijte, če uporabljate plinski žar.
j) Premažite z ribjo marinado.
k) Ribe naj se na vsaki strani pečejo 3-4 minute.
l) Pečenost preverite tako, da se prepričate, da je meso, ki je najbližje kosti, popolnoma pečeno – zarežite z nožem, da preverite.

## 79.Svinjska rebra na žaru s karibskimi citrusi

**SESTAVINE:**
- 1 stojalo za otroška hrbtna rebra
- 1 sveža pomaranča, prepolovljena
- 1 steklenica Caribbean Jerk Marinade
- 1/2 čajne žličke čilijeve paste
- 3 žlice sojine omake
- 3 žlice sladkorja

**NAVODILA:**
a) Rešetko narežite na dele s 4 rebri. Prinesite velik lonec vode, da zavre.
b) Pomaranče prerežemo na pol. Rezervirajte 3 polovice in iz preostale iztisnite sok v veliko posodo za mešanje. Dodajte jerkmarinado, čilijevo pasto, sojino omako in sladkor ter mešajte, dokler se ne premeša. Dati na stran.
c) Pečico segrejte na 350ºF.
d) Pripravite žar na oglje za neposredno peko na srednje visoki temperaturi. Zarebrnice kuhajte 15 minut, nato jih položite na s folijo obložen pekač za piškote. 3 pomarančne polovice stisnite na meso in enakomerno potresite s česnom, soljo in poprom. Pečemo 20 minut.
e) Rebrca položimo na žar in pečemo še 20-30 minut, ob rednem polivanju z omako. Prepričajte se, da meso doseže notranjo temperaturo vsaj 145ºF.
f) Rebrca odstranimo z žara in pokrijemo z mesarskim papirjem ali alu folijo ter pustimo meso počivati 10-15 minut.
g) Postrezite z dodatno omako za pomakanje.

## 80.Šunka mangalica z ananasovo glazuro

Naredi: 6-kilogramsko šunko,

**SESTAVINE:**
- 1 6-kilogramska šunka Holy Grail Mangalitsa

**ZA GLAZURO**
- 1-1/2 skodelice temno rjavega sladkorja
- 1-1/2 skodelice ananasovega soka
- 1 do 2 žlici jamajške začimbe jerk
- 1 zrel ananas, olupljen, razrezan in prečno narezan na 1/2 palca debele rezine
- Rastlinsko olje za naoljenje rešetke za žar
- Lesni kosi, po možnosti jabolka ali češnja; dolg oster nož; čopič za pecivo

**NAVODILA:**
a) Nastavite svoj žar, kot je Big Green Egg, za posredno pečenje in segrejte na 350 stopinj.
b) Z ostrim nožem naredite šrafiran vzorec na površini šunke.
c) Pripravite glazuro: v ponvi zmešajte rjavi sladkor, ananasov sok in začimbo. Pripelji k a. vreti na srednje močnem ognju; nato zmanjšajte toploto na srednje in kuhajte, dokler glazura ni gosta in sirupasta., 8 do 10 minut
d) S krtačo namažite in naoljite rešetko za žar. Oglju dodajte 3 ali 4 kose lesa. Šunko položimo na rešetko in segrevamo 30 minut.
e) Začnite glazirati šunko po 30 minutah, ponovno nanesite glazuro v 20-minutnih intervalih, dokler šunka ne doseže notranje temperature 160 stopinj, 2 1/2 do 3 ure.
f) Šunko položite na rešetko nad obrobljenim pekačem, obloženim s folijo.
g) Medtem segrejte žar na srednje visoko in rezine ananasa premažite z nekaj preostale glazure. Pečemo na žaru 2 minuti na vsako stran. Šunko narežite z dolgim tankim nožem na 1/4-palčne rezine.
h) Skodle na krožniku skupaj z ananasom.
i) Preostalo glazuro postrezite ob strani.

## 81. BBQ Lionfish s pomarančno in mandljevo kašo

Naredi: 4

**SESTAVINE:**
- 1 velika čebulica koromača, narezana na tanke rezine
- 1 manjše zelje, nastrgano
- 1 strok česna, sesekljan
- 2 veliki pomaranči, olupljeni in narezani
- 1 majhna rdeča čebula, narezana na tanke rezine
- ¼ skodelice karibskih mandljev
- 1 čajna žlička košer soli
- ½ čajne žličke sveže mletega črnega popra
- 3 žlice oljčnega olja
- 6 listov sveže bazilike, natrganih
- 3 žlice svežega limoninega soka
- ½ čajne žličke zdrobljenih koriandrovih semen
- 4 veliki fileji lionfish

**NAVODILA:**
a) Za pripravo pomarančne solate: V majhni skledi zmešajte koromač in zelje s česnom, rezinami 1 pomaranče, čebulo, mandlji, ½ čajne žličke soli, ¼ čajne žličke črnega popra, 2 žlici olivnega olja in sveže natrgano baziliko. Pokrijte in ohladite pol ure.
b) Za kuhanje Lionfish: Segrejte žar na žaru na oglje in ga namažite z žlico olja. Lionfish začinite s preostalo soljo, poprom in zdrobljenimi koriandrovimi semeni. Fileje postavite na direkten ogenj in pecite prvo stran na žaru 2 minuti, nato pa jih previdno obrnite in pecite drugo stran še 2 do 3 minute, dokler ni ravno pečena.
c) Na krožnike naložite 2 do 3 žlice pomarančnega soka. Na vsako gomilo položite lionfish z žara. Okrasite s preostalimi pomarančnimi rezinami.

## 82. Jamaican Jerk Brisket

**SESTAVINE:**
- 12 funtov prsi
- 3 skodelice začimb
- 5 listov pimenta ali lovorovih listov
- 2 žlici pimentovih jagod

**NAVODILA:**

a) Z ostrim nožem obrežite prsi tako, da ostane plast maščobe debela vsaj 1/4 palca. Pazite, da ne obrezujete preveč. Bolje je narediti preveč maščobe kot premalo. S konico noža za lupljenje naredite vrsto 1/2 palca globokih rezov na vseh straneh mesa, pri čemer zasukajte rezilo, da razširite luknje.

b) Z gumijasto lopatko prsi z vseh strani premažite z začimbami. Potisnite ga v luknje, ki ste jih naredili z nožem za lupljenje. Pokrito mariniramo v hladilniku vsaj 6 ur ali čez noč – dlje ko se marinira, bogatejši je okus.

c) Prižgite dimnik, štedilnik ali žar po navodilih proizvajalca in segrejte na 250 °F. Dodajte les, kot je določil proizvajalec. Če uporabljate vodni smoker, v posodo z vodo dodajte liste pimenta in jagode pimenta. V nasprotnem primeru dajte te arome v kovinsko skledo ali posodo iz aluminijaste folije z 1 litrom tople vode in posodo postavite v kadilnico.

d) Z lopatko postrgajte odvečno jerk marinado s prsi. Prsi položite z maščobno stranjo navzgor v kadilnico. Če uporabljate zamaknjeni dimnik, postavite debelejši konec proti kurišču. Prsi kuhajte, dokler zunanjost ni temno porjavela in notranja temperatura ne zabeleži približno 165 °F na termometru s takojšnjim odčitavanjem, približno 8 ur. Po potrebi napolnite štedilnik z gorivom po navodilih proizvajalca.

e) Odstranite prsi iz kadilnice in jih tesno zavijte v mesarski papir. Vrnite ga v kuhalnik.

f) Nadaljujte s kuhanjem, dokler se notranja temperatura ne segreje na približno 205 °F in je meso ob preizkusu zelo mehko, še 2 do 4 ure ali po potrebi.

g) Zavite jerk briskete postavite v izoliran hladilnik in pustite počivati 1 do 2 uri.

h) Odvijte prsi in jih prenesite na dobro desko za rezanje. Morebitne sokove, ki so se nabrali v mesarskem papirju, zlijemo v skledo.

i) Prsi narežite čez zrno na 1/4 palca debele rezine. Rezine polagamo na popečene zvitke,

j) po želji. Sokovom v skledi dodamo morebitne sokove z deske za rezanje, z žlico prelijemo meso in postrežemo.

## 83. Lionfish na žaru z bananinimi listi

Naredi: 4

**SESTAVINE:**
- 4 vejice svežega cilantra
- 4 vejice svežega ploščatega peteršilja
- 2 vejici sveže mete
- 1 za palec velik kos sveže olupljenega ingverja
- 1 majhen rdeč Fresno čili, brez semen
- 1 čajna žlička košer soli
- ¼ čajne žličke mletega pimenta
- ¼ čajne žličke mlete kumine
- ¼ čajne žličke mletega cimeta
- 1 ½ žlice trsnega kisa
- 4 žlice arašidovega olja
- 4 veliki kosi svežih ali zamrznjenih bananinih listov
- 4 veliki fileji lionfish
- 10 kosov palmovih src
- 1 velika limeta, narezana na kline

**NAVODILA:**

a) Za pripravo začimbne paste: V mešalniku zmešajte liste cilantra, peteršilja in mete skupaj z ingverjem, čilijem, soljo, pimentom, kumino, cimetom in kisom. Mešajte skupaj, dokler ne nastane gladka pasta. Z mešalnikom, ki teče na nizki hitrosti, pokapljajte olje, dokler ni mešano. Zmes vlijemo v manjšo skledo in pustimo, da se okusi skupaj stopijo vsaj 30 minut.

b) Za pripravo lionfish: Na veliko čisto delovno površino razporedite bananine liste. S čopičem za pecivo pobarvajte sredino vsakega lista z začimbno pasto. Na sredino postavite lionfish in ribo izdatno namažite z začimbno pasto. Vsak snop listov zložite kot majhen paket in pritrdite z bambusovim zobotrebcem.

c) Za pečenje rib na žaru: Žar segrejte na srednjo temperaturo. Žar na drva bo dodal največ okusa, toda plinski žar bo opravil svoje delo. Pečemo lionfish, ovito v bananine liste, približno 4 do 5 minut na vsaki strani. Istočasno na žaru spečemo palmove srčke, vsakega premažemo s preostalo začimbno pasto.

d) Previdno odvijte svežnje bananinih listov in jih pustite v listih, da jih postrežete na pisanem krožniku skupaj s palmovimi srčki na žaru.

## 84. Kokosova rebra

Naredi: 4 porcije

**SESTAVINE:**
- 1 skodelica kitajskega riževega vina
- 1/2 skodelice sojine omake
- 6 strokov česna, mletega
- 2 žlici naribanega svežega ingverja
- 1/2 skodelice kokosovega nektarja
- 1/4 skodelice hoisin omake
- 1 žlica kitajskih petih začimb v prahu
- Sveže mleti beli poper
- 2 stojala za rebra v stilu St. Louisa
- Sol

**NAVODILA:**
a) V veliki skledi zmešajte riževo vino, sojino omako, česen in ingver. Postavite na stran, da se marinira 10 minut.
b) Dodajte kokosov nektar in omako hoisin ter mešajte, dokler se popolnoma ne raztopita. Dodajte pet začimb v prahu in 1 čajno žličko belega popra ter premešajte, da se vse sestavine dobro povežejo.
c) Rebrca sperite v hladni vodi in posušite s papirnatimi brisačami. Izdatno začinite s soljo in belim poprom, nato pa položite v posodo, ki je dovolj velika, da sprejme marinado in rebra v eni plasti.
d) Zarebrnice prelijemo z marinado in pokrijemo s plastično folijo. Čez noč mariniramo v hladilniku.
e) Če rebrca pečete na žaru, žar segrejte na srednje visoki temperaturi in rešetko rahlo premažite z oljem. Rebra položite na žar, stran od neposrednega ognja in pokrijte. Kuhajte, enkrat ali dvakrat obrnite, dokler rebra niso močno porjavela in čvrsta na dotik, 30 do 35 minut. Med kuhanjem večkrat premažemo z marinado.
f) Če rebrca pečete v pečici, pečico segrejte na 325 °F.
g) Rebra položite na rahlo pomaščen pekač ali pekač s stranicami. Pecite 40 do 50 minut, 2- ali 3-krat prelijte z marinado ali dokler se ne zmehča in skuha.
h) Če želite postreči rebra, jih pustite, da se ohladijo 5 minut, nato pa z ostrim nožem zarežite med vsako rebrno kostjo, da ju ločite.

## 85. Škampi na žaru na sladkornem trsu

Naredi: 6 do 8 obrokov

**SESTAVINE:**
**ZA KOZICE:**
- 2 funta zelo velike kozice, olupljene in brez rezin, repi ostanejo
- 1 paket palčk iz sladkornega trsa
- Groba sol in sveže mlet črni poper
- 2 žlici ekstra deviškega oljčnega olja
- 2 žlici sveže iztisnjenega limetinega soka

**ZA GLAZURO:**
- 1/4 skodelice vaše najljubše jerk začimbe
- 4 žlice masla
- 4 temni rum
- 2 žlici temno rjavega sladkorja
- 1 žlica sveže iztisnjenega limetinega soka

**NAVODILA:**

a) Pripravite kozico in marinado: Kozico oplaknite pod hladno tekočo vodo, nato jih odcedite in osušite s papirnatimi brisačkami. S konico noža za lupljenje naredite dve "začetni" luknji - eno na vrhu in eno na dnu - v vsako kozico.

b) Pripravite nabodala iz sladkornega trsa: z dolgim ostrim nožem narežite palčke iz sladkornega trsa na 3-palčne dolžine in jih ostro zarežite po diagonali, da dobite ostro konico. Za vsako kozico boste potrebovali eno nabodalo.

c) Kozico nataknite na nabodala iz sladkornega trsa, eno na nabodalo. Razporedite v pekač iz folije in začinite s soljo, poprom, olivnim oljem in limetinim sokom, obrnite kozico, da prekrije obe strani.

d) Pripravite glazuro: v težki ponvi zmešajte začimbe, maslo, rum, rjavi sladkor in limetin sok. Kuhajte na srednje močnem ognju, dokler ni gosta in sirupasta, pogosto mešajte.

e) Nastavite žar za neposredno pečenje in ga predgrejte na visoko. Ko ste pripravljeni za peko, premažite in naoljite rešetko za žar. Kozice razporedimo po segreti rešetki in jih obračamo s kleščami, dokler niso zunaj lepo porjavele, znotraj pa čvrste in rožnate, približno 2 minuti na stran. Kozice med kuhanjem premažite z glazuro.

f) Kozico prestavimo na servirne krožnike ali pladenj. Preostalo rumovo glazuro prelijemo po kozici in takoj postrežemo.

## 86. Karibska svinjina na žaru s tropsko salso

Naredi: 6 obrokov

**SESTAVINE:**
**SALSA:**
- 1 majhen ananas, olupljen, razrezan in narezan na kocke
- 1 srednja pomaranča, olupljena in narezana na kocke
- 2 žlici svežega cilantra, mletega
- Sok polovice sveže limete

**SVINJINA:**
- ½ žlice rjavega sladkorja
- 2 žlički mletega česna
- 2 čajni žlički mletega ingverja
- 2 žlički mlete kumine
- 2 čajni žlički mletega koriandra
- ½ čajne žličke kurkume
- 2 žlici kanolinega olja
- 6 svinjskih kotletov

**NAVODILA:**
a) Naredite salso tako, da v skledi zmešate ananasov, pomarančni, korianderjev in limetin sok. Dati na stran. Lahko se pripravi do 2 dni vnaprej in ohladi.
b) Naredite namaz za svinjske kotlete: V majhni skledi zmešajte mešanico rjavega sladkorja, česen, ingver, kumino, koriander in kurkumo.
c) Obe strani svinjskih kotletov namažite z oljem oljne repice in jih namažite z drgnjenjem.
d) Žar segrejte na srednje visoko. Svinjske kotlete položite na žar za približno 5 minut na vsako stran ali dokler niso pečeni na notranjo temperaturo 160 °F.
e) Vsak kotlet postrezite skupaj z 1/3 skodelice salse.

## 87. BBQ escolar s sladkim krompirjem

Naredi: 1 obrok

**SESTAVINE:**
- 4 kosi fileja Escolar

**MARINADA:**
- ½ skodelice limoninega soka
- ¼ skodelice olivnega olja
- ¼ skodelice sesekljane čebule
- 2 čilija Poblano; stržen, semena in grobo sesekljan
- 2 žlici balzamičnega kisa
- 1 žlica mletega česna
- 1 žlica sladnega kisa
- 1 čajna žlička mletega pimenta
- 1 čajna žlička mletega muškatnega oreščka
- 1 čajna žlička curryja v prahu
- 1 čajna žlička soli
- 1 čajna žlička mletega črnega popra

**SLADKI KROMPIR:**
- 2 velika sladka krompirja
- 1 žlica medu
- 1 čajna žlička mletega cimeta
- 1 čajna žlička mletega muškatnega oreščka
- Sol in sveže mlet črni poper

**NAVODILA:**
**ZA MARINADO:**
a) Vse sestavine zmešajte v kuhinjskem robotu do gladkega.
b) Odstavite ¼ marinade, s katero premažete ribe med peko na žaru.
c) Preostalo marinado vlijemo v plitvo posodo, dodamo koščke escolarja in mariniramo v hladilniku približno 6 ur.

**ZA SLADKI KROMPIR:**
a) Sladki krompir dajte v ponev s hladno vodo, da je pokrit, zavrite in kuhajte, dokler se krompir ne zmehča, približno 25 minut.
b) Ko je dovolj ohlajen za rokovanje, olupite kožo.
c) Krompir dajte v veliko skledo z medom, cimetom, muškatnim oreščkom, soljo in poprom po okusu ter stepajte z veliko metlico do gladkega.

**PEKA NA ŽARU**
a) Predgrejte zunanji žar na srednje visoko.
b) Escolar vzemite iz marinade in pecite na žaru, dokler ni neprozoren, 2 do 4 minute na vsako stran, med pečenjem pa ribo obilno namažite s prihranjeno marinado.
c) Za serviranje na sredino vsakega krožnika položite zajemalko sladkega krompirja.
d) Na vrh sladkega krompirja dajte žlico naribanih breskev.
e) Na breskve položite escolar in prelijte z ohlajeno solato jicama.

# 88. Jamajška rezana BBQ rebrca

Naredi: 1 obrok

**SESTAVINE:**
- 1 skodelica marinade Jerk
- 1 žlica sladkorja
- 2 žlici rdečega vinskega kisa
- 4 funte svinjskih reber
- 1½ skodelice omake za žar

**NAVODILA:**
a) Zmešajte marinado Jerk, sladkor in kis.
b) Dodajte rebra in obrnite, da se dobro premažejo.
c) Marinirajte v hladilniku vsaj 4 ure.
d) Pripravite ogenj na žaru. Na sredino žara postavite posodo za odcejanje.
e) Rebrca položite na žar nad ponev za odcejanje in kuhajte 1½ ure ter jih pogosto obračajte in premažite z marinado.
f) Zadnjih 15 minut kuhanja premažite rebra s komercialno omako za žar.

# 89. Začinjena tuna na žaru, kubansko

Naredi: 1 obrok

**SESTAVINE:**
- ⅓ skodelice olivnega olja
- 1 čajna žlička soli
- 2 čajni žlički kajenskega popra
- ⅓ skodelice limoninega soka
- 3 veliki stroki česna, sesekljani
- 3 velike šalotke, mlete
- 2 žlički mlete kumine
- 1 šopek cilantra, samo listi, drobno sesekljan
- 6 kosov (6 unč) fileja tune
- Rastlinsko olje, za mazanje žara
- Limonine rezine, za okras

**NAVODILA:**
a) V majhni skledi za mešanje zmešajte oljčno olje, sol, kajenski poper, limonin sok, česen, šalotko, kumino in približno ¾ korianderja.
b) Tunin file položite v večjo stekleno ali keramično posodo. S prsti podrgnemo po ribah, da preverimo in odstranimo morebitne preostale kosti, ter prelijemo tuno z marinado. Prepričajte se, da so ribe enakomerno obložene na obeh straneh in jih 1 uro marinirajte v hladilniku, pri čemer jih enkrat obrnite.
c) Žar ali ponev za brojlerje premažite z rastlinskim oljem in segrejte na visoko temperaturo.
d) Fileje pečemo na žaru 4 do 5 minut na vsaki strani, dokler niso pečeni po vaših željah. Okrasite s preostalim cilantrom in rezinami limone.

# PRILOGE IN SOLATE

## 90.Čokoláda z mangom

Naredi: 4

**SESTAVINE:**
- ½ čajne žličke morske soli
- ¼ čajne žličke črnega popra
- 6 strokov česna, olupljenih in na tanke rezine narezanih
- 2 bananini šalotki, olupljeni, prepolovljeni in na tanko narezani
- 2 zelena manga
- 1 majhna pest koriandrovih listov, opranih, posušenih in nasekljanih
- Sok 1 limone ali limete
- 1 čajna žlička belega vinskega kisa
- 1-2 čilija, očiščena in na tanke rezine narezana

**NAVODILA:**
a) V skledo dajte sol, poper, česen in šalotko.
b) Mango olupimo in narežemo na kolesca, da odstranimo semena.
c) Vsako rezino narežite na tanke rezine in dodajte v skledo s koriandrom, limoninim ali limetinim sokom in kisom.
d) Dobro premešajte z žlico, da vam čili ne opeče rok, nato poskusite in prilagodite začimbe.
e) Postrezite takoj ali pustite počivati v hladilniku vsaj eno uro pred serviranjem.

# 91. Čilijeva solata na žaru

Naredi: 2 porciji

**SESTAVINE:**
- ¼ skodelice dijonske gorčice
- ¼ skodelice medu
- 1½ žlice sladkorja
- 1 žlica sezamovega olja
- 1½ žlice jabolčnega kisa
- 1½ čajne žličke limetinega soka
- 2 zmerna paradižnika, narezana na kocke
- ½ skodelice španske čebule, narezane na kocke
- 2 žlički jalapeño popra
- 2 žlički cilantra, drobno mletega
- ščepec soli
- 4 polovice piščančjih prsi; brez kosti in kože
- ½ skodelice slanice Teriyaki
- 4 skodelice zelene solate Iceberg, narezane na kocke
- 4 skodelice zelene solate, narezane na kocke
- 1 skodelica rdečega zelja, narezanega na kocke
- 1 pločevinka koščkov ananasa v soku
- 10 Tortilla čipsa

**NAVODILA:**
a) Preliv naredimo tako, da vse sestavine v manjši posodici zmešamo z električnim mešalnikom. Pokrijte in ohladite.
b) Pripravite Pico de Gallo tako, da vse sestavine zmešate v majhni posodi. Pokrijte in ohladite.
c) Piščanca mariniramo v teriyakiju vsaj 2 uri. Piščanca položite v vrečko in prelijte s slanico, nato pa premešajte v hladilnik.
d) Pripravite žar ali segrejte žar na štedilniku. Piščanca pečemo na žaru 4 do 5 minut na vsako stran ali do konca.
e) Zmešajte solato in zelje, nato pa zeleno razdelite v 2 veliki solatni posodi za posamezne porcije.
f) Pico de gallo razdelite in ga prelijte na 2 enaka dela čez zelenje.
g) Ananas razdelite in ga potresite po solati.
h) Tortiljin čips nalomite na velike kose in s polovico potresite vsako solato.
i) Pečene piščančje prsi narežemo na tanke trakove in jih po polovici razporedimo po solati.
j) Preliv vlijemo v 2 majhni posodici in postrežemo s solatami.

## 92. Trpotci na žaru

**SESTAVINE:**
- Trpotec
- Mešanica začimb
- Sol in črni poper

**NAVODILA:**
a) Trpotec olupimo.
b) Prerežite po sredini in nato prepolovite.
c) Posolimo in potresemo z mešanico začimb.
d) Pecite na žaru na vsaki strani približno 3 minute, dokler niso popolnoma pečeni – pozorno pazite, ker se zlahka zažgejo.

## 93.Mofongo Portoriko

**SESTAVINE:**
- 4 zelene trpotce, olupljene in narezane na kolobarje
- 1 skodelica svinjskih ocvirkov
- Sol – po okusu
- 3 žlice oljčnega olja
- 3 do 5 strokov mletega česna

**NAVODILA:**
a) Koščke trpotca za 15 do 30 minut namočite v skledo slane vode.
b) Dobro odcedite in posušite.
c) V ponvi ali ponvi na srednjem ognju segrejte olje.
d) Delajte v serijah in pražite rezine trpotca, dokler niso kuhane, vendar še ne porjavijo, 10 do 12 minut.
e) Dodajte trpotec, česen in malo oljčnega olja v veliko terilnico ali skledo ter pretlačite s pestičem ali tlačilko za krompir, dokler ni precej gladka. (Druga možnost je, da utripate s kuhinjskim robotom.)
f) Primešamo svinjske ocvirke in solimo po okusu.
g) Z navlaženimi rokami oblikujte 3-palčne kroglice ali jih položite na krožnik in postrezite tople.

# SLADICA

## 94. Ananas in rum na žaru

**SESTAVINE:**
- maslo
- Ananasove rezine ali koščki
- rum
- 1-1/4 skodelice težke smetane.

**NAVODILA:**
a) V ponvi segrejemo maslo in dodamo ananas.
b) Dodamo rum. Nadaljujte s kuhanjem. Ko nastane mehurček, ga odstranite in ohladite.
c) Stepemo smetano in ji dodamo ananasovo zmes.
d) Nalijte v 4 desertne skodelice in postrezite.

## 95.Mangova pena

**SESTAVINE:**
- 3 lb zrelih mangov, olupljenih z mesom in odrezanimi semeni, da dobite 4–5 skodelic na kocke narezanega manga
- 1-1/2 skodelice smetane za stepanje
- 2 beljaka
- 1 - 2 žlici. sok limete
- 1/2 - 1 skodelica sladkorja
- 2 paketa želatine
- 1/2 skodelice vroče vode

**NAVODILA:**
a) Mango pretlačite v blenderju ali kuhinjskem robotu - nato precedite, če je še žilav
b) Smetano vlijemo v manjšo posodo za mešanje in postavimo v zamrzovalnik za 10 minut. Iz beljakov stepemo trd sneg.
c) Smetano stepamo do vrha in postavimo v hladilnik
d) Želatino zmehčajte v malo hladne vode, nato pa želatino in sladkor raztopite v 1/2 skodelice vroče vode. Dodajte mangovemu pireju v skledo za mešanje skupaj z limetinim sokom in sladkorjem po okusu. Količina sladkorja in limete je odvisna od trpkosti manga in osebnega okusa
e) Zmešajte jajčne beljake, smetano in mango, dokler se dobro ne premešajo. Nalijte v servirne posodice in postavite v hladilnik za 6 ur.

## 96. Sladoled iz surove kislice

**SESTAVINE:**
- 2 skodelici surovih indijskih oreščkov, namočenih čez noč
- 2 skodelici pulpe kisle sove
- 1 skodelica filtrirane vode, po potrebi
- 1/2 skodelice medu
- 1/4 skodelice kokosovega masla ali stisnjenega kokosovega olja
- 2 žlici vanilijevega ekstrakta
- 1/2 čajne žličke morske soli

**NAVODILA:**
a) Vse sestavine mešajte, dokler niso kremaste in gladke.
b) Dodajte vodo, kolikor je potrebno, da zmes kroži po mešalniku.
c) Zamrznite in občasno premešajte, dokler se ne strdi, ali sledite navodilom izdelovalca sladoleda.

## 97.Jamajška rumova torta

Naredi: 24 obrokov

**SESTAVINE:**
- 1 funt    masla ali margarine; zmehčan
- 1 funt    temno rjavega sladkorja
- 1 ducat jajc
- 1 funt    moke
- 2 čajni žlički ekstrakta vanilije
- 2 žlički pecilnega praška
- 2 čajni žlički sode bikarbone
- 2 čajni žlički žganega sladkorja (najdete ga na karibskih tržnicah)
- Cimet in muškatni oreščrk po okusu
- rum

**SADNA MEŠANICA:**
- 1 funt suhih    sliv
- 1 funt    rozin
- 1 funt    ribeza
- 1 funt    češenj

**NAVODILA:**
a) V veliki skledi zmešajte maslo in sladkor do bledo rumene barve.
b) Dodajte 2 jajci naenkrat, po vsakem dodajanju dobro premešajte. Dodajte vanilijo in prežgan sladkor. V srednje veliki skledi presejte skupaj vse suhe sestavine.
c) Počasi dodajte v veliko skledo in dobro premešajte. Testo bo zelo težko. Dodajte približno 2 skodelici sadne mešanice (več ali manj po okusu). Dobro premešaj. Vlijemo v dobro namaščene in pomokane modelčke.
d) Pečemo pri 350 stopinjah približno 1 uro ali dokler nož, vstavljen v sredino, ne pride ven čist.
e) Ko je torta ohlajena (ne jemljite je iz modela), jo prelijte s približno ¼ skodelice ruma.
f) Tesno pokrijte z aluminijasto folijo. Torto preverite vsake 2 do 3 dni. Če postane "suho" dodamo še malo ruma. Nadaljujte na ta način 1 mesec.
g) Sadna mešanica: sadje sesekljajte v mešalniku ali predelovalcu hrane. Dajte v kozarec, ki ga lahko dobro zaprete. Vsebino prelijemo z rumom in kozarec zapremo.
h) Hraniti na hladnem in temnem mestu. To je treba storiti vsaj 1 mesec pred torto.
i) Če ne porabite vse sadne mešanice, ne skrbite ... ohranila se bo leta! Je tudi odličen preliv za vanilijev sladoled!

# PIJAČE

## 98.Ti Punch

**SESTAVINE:**
- 1 del trsnega sirupa
- 2 dela belega ali starega ruma
- 1 majhna rezina limete

**NAVODILA:**
a) Zmešajte tekočino, narežite rezine s strani limete, stisnite in spustite v kozarec.
b) Postrezite z ledom ali brez.

## 99.Pijača Jamaican Sea Moss

**SESTAVINE:**
- 1 skodelica indijskih oreščkov
- 2 žlici gela iz irskega mahu
- 1/2 žlice sojinega lecitina
- velikodušen ščepec soli
- 2 žlici mandljeve esence
- 3 skodelice vode
- 1/2 skodelice agave
- 1/2 žlice cimeta
- 1/2 žličke muškatnega oreščka

**NAVODILA:**
a) Dobro premešajte, precedite, ohladite in postrezite.

# 100. Kislica

**SESTAVINE:**
- 1 skodelica posušenih cvetnih listov kislice
- 1 žlica nageljnovih žbic
- kos posušene pomarančne lupine
- Rjavi sladkorni sirup (1 skodelica vode + 1 lb rjavega sladkorja, kuhana skupaj)
- Temni rum

**NAVODILA:**
a) Zavrite 2 litra vode.
b) Ko voda zavre, dodamo kislico, pomarančno lupinico in nageljnove žbice.
c) Pustite vreti 30 minut.
d) Tesno pokrijte in namočite čez noč.
e) Precedite in po okusu dodajte sladkorni sirup in rum (po želji).
f) Ohladite in postrezite.

# ZAKLJUČEK

Ko se zadnje poglavje knjige "Afro-karibska kulinarična potovanja" elegantno odvija, upamo, da je bilo vaše kulinarično potovanje tako bogato in okusno kot jedi, ki krasijo te strani. Ta kuharska knjiga ni le vodnik; to je povabilo, da uživate v umetnosti fuzije, da sprejmete okuse, ki pripovedujejo zgodbe o afro-karibski kulinarični dediščini.

Ko boste uživali v zadnjih grižljajih teh okusnih jedi, ne pozabite, da niste le izkusili zbirke receptov; bili ste del kulturne odisejade — slavljenja raznolikosti, odpornosti in trajnega duha afro-karibskih skupnosti. "Afro-karibska kulinarična potovanja" je več kot naslov; to je dokaz osvoboditve okusov, zlitja kulinaričnih tradicij in živahne tapiserije, ki je afro-karibska kuhinja.

Naj okusi ostanejo v vaših brbončicah in naj zgodbe, vtkane v te jedi, še naprej odmevajo v vaši kuhinji. Dokler se spet ne srečamo v vašem naslednjem kulinaričnem raziskovanju, naj bo vaše kuhanje prežeto z duhom fuzije, praznovanja in bogate dediščine, ki jo "Afro-karibska kulinarična potovanja" tako lepo povzema. Veselo kuhanje!

www.ingramcontent.com/pod-product-compliance
Lightning Source LLC
Chambersburg PA
CBHW071333110526
44591CB00010B/1124